日本の「敗戦記念日」と「降伏文書」

萩原猛
Hagiwara Takeshi

論創社

はじめに

敗戦後の七十年間、日本がアジア・太平洋戦争で「敗北」を公式に認めた「降伏文書」（一九四五年九月二日）の内容を学んだ生徒や学生、そして国民はほとんどいない。

マスコミも一般ジャーナリズムも「終戦から〇〇年」とか「戦後〇〇年」と表現し、「敗戦から〇〇年」「敗戦後〇〇年」と「敗北」の「敗」をほとんど使わない。「終戦」「戦後」という表現は、先の戦争での「敗北」を覆い隠し、戦争推進者、その協力者の責任を曖昧にする格好の表現として使われてきた。

中学・高校での日本史の学習は、一国民として歴史認識の出発点である。過去が現在の土台として存在し、現在を前提として未来がある以上、過去を客観的にふり返ることで、現在と未来が見えてくる。

今日、多くの大学が海外留学を奨励し、他方、日本は外国から留学生を誘致しようと血眼になっている。国際交流を通じて、国際人の育成に力を注いでいる。小学校からの英語教育の導入もその一環である。その状況の中で、日本人が自分の国の歴史、とくに近現代の歴史について、諸外国の人々と議論を正々堂々とたたかわせることができるだろうか。敗戦後の教育をうけた日本の学生、とくに若い世代は日本の現代史の流れを知らない。

その要因は、受験対策本位の教育にあるとか、また、教師が近現代の学習の必要性を意識せず、内容の探求を疎かにし、自信をもって生徒に教える余裕がないことも大きな要因と言われている。

現在、高校での日本史の授業は、一九八九年から選択科目で、必修科目ではない（東京都は独自に必修にした）。その結果、三〜四割の高校生は、日本史を選択せず学んでいない。最近文科省は中央教育審議会に、高校日本史を選択科目から必修科目にすることや、新科目を導入する案を諮問した。国際化、グローバル化が叫ばれる今日、日本や世界の近現代史の事実について正しく認識し、再確認することは極めて大切である。その要《かなめ》が、「降伏文書」の理解にあることは言うまでもない。

本書では、第Ⅰ部では、第二次世界大戦前後のポツダム宣言から「降伏文書」に至る経過をたどりながら、敗戦における日本の指導者層の実態をかいまみる。

第Ⅱ部では、教科書の記述、教科書の検定問題の中で、「降伏文書」、領土問題、南京大虐殺、従軍慰安婦問題などについて問題点を明らかにする。

なお、本文中の教科書検定内容の記載は、出版労連『教科書レポート』二〇一二年、二〇一三年、二〇一四年度版を参考にした。

二〇一五年六月

萩原猛

日本の「敗戦記念日」と「降伏文書」 目 次

はじめに

第Ⅰ部　敗戦と「降伏文書」の調印

第Ⅱ部　教科書検定・記述問題といくつかの課題

第Ⅰ部　敗戦と「降伏文書」の調印

1　ヒトラー自殺、ドイツ敗北・無条件降伏

一九四〇年九月二七日、日本の近衛文磨内閣が、三国同盟（日本・ドイツ・イタリア）を結んだのは、対ソ、対英戦略を有利に進めるねらいがあった。それを結んだときは、ドイツはイギリス本土の上空作戦に敗れ、対ソ戦も苦戦していた。一九四〇年六月、電撃戦でフランスを屈服させたときが頂点で、その夏から敗北への道に転げおちていった。そのような局面の際に、三国協定を結んだ日本は、親ドイツに毒され、苦境に立つドイツを把握することができなかった。

三国同盟締結の結果、米国は日本に失望し、満州事変以来、拡大続ける日本の野心に深い疑念を抱かせるような決定的かつ重大な変化をもたらした。さらに、日本は、中国との戦争を終結させるあらゆる機会を、ことごとくつぶしていたのだった。

一九四五年四月なかば、ヒトラーの第三帝国は崩壊の道をたどりつつあった。英米連合軍は猛進撃を続け、ライン川を渡って、東に向かっていた。ソ連軍はベルリンの中心部に迫っていた。このころ、ナチスの大半の首脳部は、敗戦が近いことを悟っていた。そし

て、英米軍に投降しはじめていた。ヒトラーは最後までベルリンに踏みとどまることを宣言した。英米の爆撃機による激しい空爆とソ連軍の砲撃で、ヒトラーが建造させた首相官邸は、見る影もなく破壊された。その官邸の迷路のような地下壕《ごう》にヒトラーは籠《こも》っていた。

同じ時期の四月二八日に、イタリアのムッソリーニは、国民に銃殺された。四月三〇日、ベルリンまで進攻したソ連軍と市街戦となり、官邸の庭では砲弾が炸裂《さくれつ》していた。「そのころ戦い続けていたドイツ軍はヒトラー・ユーゲント（十代の少年たちによるナチスの青少年団）だけで、ライフルや拳銃だけでソ連軍の戦車、大砲、飛行機に立ち向かっていたにすぎず、勝負にはならなかった。ヒトラー・ユーゲント五千人のうち、生き残ったのは五百人にすぎなかった」（『アドルフ・ヒトラー』ルイス・スナイダー著　角川文庫）。そして、ヒトラーは地下壕で自殺したのだった。

五月二日にはベルリン陥落。

五月七日、アルフレート・ヨードル大将がアイゼンハワーの司令部において降伏文書に署名を行った。

五月八日、ベルリン市内のカールスホルスト工兵学校において、カイテル元帥は国防軍最高司令部総長として、対連合軍への降伏文書批准のための署名を行った。ドイツは無条件降伏した。イタリアも降伏し、この時点で、日本だけが世界を相手に戦う事態になった。

ポツダム合意でドイツは分割され、ドイツの艦艇や商船は三カ国（大半は英米に、一部はソ連）に与えられた。敗戦の結果、倒壊したドイツの状況は、つぎのようであった。

「ドイツ人は自国の中でいかなる権利も主張できず、占領国は法律を独自に制定する権力を有していた」「ドイツを統治するためのあらゆる権力、つまり、ドイツ国防省や政府、行政府の権限、各州の市町村の権限は連合国という管財人に移行した」（『日本の国境問題』孫崎享著　ちくま新書）

ドイツは連合国の軍政の支配下に完全に置かれ、敗戦国の象徴的な帰結の姿となった。連合国のドイツに対する扱いは、その後の日本に比較すると比べものにならないくらい、厳しいものであった。

2　ドイツの敗北を、日本はどう受け止めたか

一九四五年四月二五日、ドイツの敗北を目前にしながらも、日本の最高戦争指導会議提議案の「世界情勢判断」では、「欧州情勢の推移は独の為極めて不利にして近く最悪の事態となるべし。欧州戦局の推移に伴い米英ソの間に遂次間隔を萌《きざ》すべきもこれを以て直ちに東亜の情勢に大なる影響を期待し得ざるべし」と楽観視していた。

そして、最高戦争指導会議は四月三〇日、ドイツ降伏の場合の措置「独屈服の場合に於ける措置要綱」(『大本営陸軍部10』戦史叢書　防衛庁防衛研修所戦史室編、朝雲新聞社』)で「独屈服の場合に於ては国内の動揺を抑制する如く指導措置すると共に愈《いよいよ》一億鉄石の団結の下必勝を確信し、皇土を護持して飽くまで戦争の完遂を期するの決意を新《あらた》にするものとす」と決定した。

ドイツ降伏は、すでに予想されていたとはいえ、鈴木貫太郎首相にとって、大きなショックだった。徹底抗戦か和平か、すべてが幻影と化したいま、その決断を迫られた。軍部は、断乎《だんこ》徹底抗戦を主張した。ドイツの敗北は日本に無関係で、「いまや日本の戦争目的は敵軍侵攻の危機に瀕した祖国を救うにある」と本土決戦を辞さずとの立場だった。

鈴木首相は思い悩んだが、五月三日のラジオ放送で「欧州の戦局の急変によって、我が国の信念はいささかも動揺するものでない、私はすべてを捧げて戦いぬく覚悟である。前線における特攻の勇士のごとく、勇猛邁進《まいしん》されたい」（『聖断』第十三章「本土決戦への道程」）と国民に奮起を訴えた。

昭和天皇（以下、天皇）もまた、ドイツ敗北の報に憂慮《ゆうりょ》を深くした。ある意味では戦略的にも戦術的にもだれよりも知悉《ちしつ》している最高責任者として、この激変にどう対処すべきか、具体的に問われた。だが、陸海軍を統帥する大元帥として、戦わねばならぬと決意を固めるのみだった。しかし、戦争を終結させるための選択として、日本帝国には「無条件降伏」が突きつけられていたのだった。

一九四五年二月四日から八日間、ウクライナの避暑地、ヤルタで米国ルーズベルト大統領、英国チャーチル首相、ソ連スターリン書記長が会談（いわゆるヤルタ秘密会談）をおこなった。ドイツが降伏するのは時間の問題だったので、もっぱら戦後のヨーロッパをどうするかが主題だったが、日本の降伏についても討議された。日ソ中立条約があるために太平洋方面で参戦していないソ連に対して、日本への攻撃をルーズベルトが強く要請し、チャーチルも同意し、対日参戦が要求された。そのことに対するスターリンの答えは、

「私たちもそのつもりでいます。そのかわり、帝政ロシアが日露戦争の敗北によって失った諸権益をすべて復活してもらいたい——樺太《からふと》の南半分と千島列島をソ連に返す。大連港を国際港とする。旅順港をソ連に供与する。南満州鉄道をソ連が租借《そしゃく》する——日本がロシアから奪い取ったものを返してもらうことだけを私はねがっているのです。対ドイツ戦争は明らかにわが国の生存にかかわる問題でしたが、日本とは今日まで大した紛争もなく、それと戦争するといっても国民が容易に理解しないかもしれない。しかし、奪われた権益を復活するという希望がもし満たされるのなら、国民に対日参戦が国家的利益であることを了解させることができると思うのです。それなら大手を振って日本を攻撃できます」（『昭和史　1926〜1945』「第十四章　日本降伏を前に駆け引きに狂奔する米国とソ連」半藤一利著、平凡社ライブラリー）

と対日参戦の要求を受け入れた。ルーズベルト大統領は「取られたものを取り返したいというのは、極めて当然な要求でありましょう」と、米英ソ三国首脳は、ドイツの降伏後、準備期間をへて三カ月後にソ連が対日参戦することを決定した。ソ連は日ソ中立条約の廃棄通告をおこなう決断をしたのだった。

四月五日、ソ連は一九四一年四月一三日調印の「日ソ中立条約」の破棄を通告してきた。「事態は根本的に変化し、日本は其の同盟国たる独逸《ドイツ》の対ソ戦争遂行を援助し、且つソ連の同盟国たる米英と交戦中なり、然《しか》る状態に於いては日ソ中立条約は其の意義を喪失し、その存続は不可能となれり」とソ連政府の声明を伝達してきた。

五月七日、ついにドイツは降伏した。トルーマン大統領は、太平洋の戦いに言及し、次のような声明をだした。

「われわれの攻撃は、陸海軍が無条件降伏後のもとに、武器を放棄しないかぎり続くだろう。日本軍が無条件降伏することは何を意味するか。それは、戦争が終結することを意味する。それは軍指揮者が、この惨禍《さんか》のどたん場に日本を投げこんだ力の終末を意味する」（『聖断』半藤一利著　ＰＨＰ文庫）

ドイツ降伏という重大事で、さすがの鈴木首相も胸のうちでは戦争の終結を考えざるをえなくなってきた。通告から一年猶予があるからといって、ソ連に仲介を頼む愚かさ。すでに、ソ連は米国の要請で対日参戦を決めていたことを知らずに、仲介のための代表団をソ連に派遣する無知、無才の外交であった。少しでも、有利な降伏条件を得ようという意図も叶《かな》わぬ運命となった。

3　「ポツダム宣言」受諾せず、日本政府は黙殺

ドイツ降伏の頃、沖縄を守る第三十三部隊も全滅の様相を呈《てい》するまでに追い込まれていた。軍部を除く日本の支配層の間には、和平の道を求める気運が高まっていた。だが、すべての目論見が幻影と化したいま、徹底抗戦か和平か、その決断を迫られた。軍部は、断乎徹底抗戦を唱えた。

鈴木内閣のもと、一九四五年六月八日の御前《ごぜん》会議で、あくまでも戦争を完遂するという最高戦争指導会議の決定がおこなわれた。鈴木内閣は、相変わらず、軍部の本土決戦論・玉砕説に同調する形をとった。これに木戸幸一内大臣は驚き、天皇に終戦に導く機会であることを具申した。六月二二日、天皇は、最高戦争指導会議のメンバー六人を宮中に呼び、終戦準備の必要をのべた。

七月二六日、「ポツダム宣言」が出され、日本の外務省幹部は、すぐ受諾したほうがよ

いという意見でまとまっていたが問題はソ連で、宣言にはソ連の署名がなく、対ソ交渉を断絶して、「ポツダム宣言」を即時受諾《じゅだく》することは好ましくないのではないか、しばらく様子をみたほうがよいという判断を下した。この結果を東郷茂徳外相は天皇に報告し、ソ連首相の署名がないこと、国体あるいは天皇の地位が不明確であること、しかし、無条件降伏という言葉が軍に対して用いられていること、等を説明した。これに対して、天皇は、次のように述べた。

「ともかく、これで戦争をやめる見通しがついたわけですね。それだけでもよしとしなければならないと思う。いろいろ議論の余地もあろうが、原則として受諾するほかはないのではないか。受諾しないとすれば戦争を継続することになる。これ以上、国民を苦しめるわけにはゆかない」（『聖断』半藤一利著、ＰＨＰ文庫）

東郷外相は、ソ連との交渉中なので、ソ連の回答をまってから「ポツダム宣言」に対する返事をしてからも遅くないのではないかと述べ、その結果、事態の推移を見守り「静観」することになった。「ポツダム宣言」の声明の最後に「われらは、右条件より、離脱することなかるべし」、すなわち連合国は、これ以外に一切の交渉に応じない、とあって事実上の最後通牒《つうちょう》であったが、最高戦争指導会議でも閣議でも、即断すべき重大事と誰ひとりみなさなかったのであった。

翌日の新聞は「笑止！対日降伏条件」とか「聖戦をあくまで完遂」と大言壮語で戦意を煽《あお》った。さらに、大本営の軍司令部は「この宣言をこのままにしておくことは軍の士気に関すること大であるから、政府としては、この際、本宣言を不都合なりとし、大号令を発するなどの措置をとられたい」と強硬であった。梅津美治郎参謀総長も阿南惟幾《あなみこれちか》陸相もこれに賛成し、「拒否を明らかにすべきだ」と強気の発言をした。米内光政海相も同調したのだった。

鈴木首相は、これを受け容れ「三国共同声明はカイロ宣言の焼き直しと思う。政府としてはなんら価値あるものとは思わない。ただ「黙殺」するのみである。われわれは断乎戦争完遂に邁進するのみである」という態度表明をした。この「黙殺」は、連合国側に、事実上の拒否と受けとめられたのだった。

ポツダムでの天皇の問題について、連合国の参謀総長の間で突っ込んだ議論があり、英国のアラン・ブルック元帥は「アジアの各地に散在している日本軍に対し、降伏命令を下すことのできるものは、天皇のほかにはない。天皇の地位の保障をはっきり宣言にもりこんだほうがよい」と述べた。だが、米国マーシャル総長は反対した。トルーマンは、もりこまない意見だった。

鈴木首相は海軍大将、連合艦隊司令官、大本営軍令部長、侍従長の経歴をもち、天皇に対する忠誠心のかたまりといってよかったが、首相としての器量は未知数で、重光葵《しげみつまもる》は危惧の念をいだいていた。ただ天皇の「鶴の一声」には忠実に従うだろうと思っていたのだった。

重光は、小磯内閣の外相時代に閣議の席中、国際情勢を説明した経験があった。いまや降伏以外に日本を救う道がないことを、詳細に解説した。憲兵が聞けば、ただちに検束されるだろう事柄を、決死の覚悟で報告した。

それを聞き終わった直後、鈴木首相は「戦国時代、徳川家康も負けた戦《いくさ》ばかり続けていた。ただ最後の合戦で大勝利して天下をとった。この戦争も最後の本土決戦で勝利して退勢を一気に挽回すればよい」と発言し、国際間の近代戦争を戦国時代の故事と同列に見ていた。あれだけ国際情勢を詳細に説明したのに、鈴木はなにもわかっていなかった。重光は、この発言にあ然として言葉もでなかった。鈴木には首相としての器量はない、軍を説得し抑え、終戦を実現する手腕はないと密《ひそ》かに危《あや》ぶんだのだった。

だが、七月二六日に「ポツダム宣言」が出され、鈴木首相は、とんでもない談話を発表した。「われわれはあくまで戦争完遂に邁進する」と、事実上の「ポツダム宣言」の受諾拒否であった。この記事を読んだ重光は「ばかやろう。あの爺さん、事態の重要性がなにもわかっていないんだ」と怒り心頭に発し、その新聞をテーブルに叩きつけたという。

天皇も終戦の意志を固めていたのに、鈴木は、一億玉砕しても本土決戦を唱える軍部を説得できず、日本の破滅に向けて拍車をかけるばかりだった。鈴木首相の「ポツダム宣言」黙殺の談話は、米軍による広島・長崎の原爆投下、米国の強い要請によるソ連の対日参戦をまねいた。鈴木の「ポツダム宣言」黙殺という判断の誤りは、取り返しのつかない悲惨な結果を生んだ。

重光は「もはや、早く戦争を終わらせるには天皇の〝鶴の一声〟を借りる以外に方法はない」と聖断を期待したのだった。

4　新型爆弾――広島・長崎原爆投下、ソ連参戦

トルーマン大統領は、「ポツダム宣言」の起草の際に「戦闘が完全に終わるまでは、天皇制の問題にふれない。天皇に関する文章は一字もいれない」決断をした。もう一つの重要な決定は、一九四五年七月二四日午後六時すぎ、ワシントンでマンハッタン計画の総指揮官が、「八月三日ごろ以降、天候が目視爆撃を許すかぎり、なるべく、速《すみ》やかに、最初の特殊爆弾をつぎの目標の一つに投下せよ。(目標)広島、小倉、新潟および長崎……」と、原爆投下の正式な最終命令の案をポツダムに送ったことだった。

この原爆投下命令はトルーマンらが承認し、発動された。東京の日本政府と軍部はこの決定のことはおろか、原爆の存在も知らず、さらにソ連が対日参戦の決定をしたことも知らず、ソ連への仲介だのみの特使派遣にひたすら固執したのであった。

同月二四日、米軍の伊勢大神宮爆撃計画もあるかもしれないという報《しらせ》を受けた天皇は、翌二五日、木戸幸一を呼んで、

「このままでは、対ソ交渉もうまくいかず、本土決戦となるのであろうか。もし本土決戦となれば、敵は空挺部隊を東京に降下させ、大本営も捕虜となることも考えられる。そうなれば、皇祖皇宗よりお預かりしている三種の神器も奪われることも予想される。それでは、皇室も国体も護持し得ないことになる。もはや難を忍んで和を講ずるよりほかはないのではないか」(『木戸幸一日記（下）』木戸幸一著、東京大学出版会)

と、三種の神器のことまでもちだした天皇は、ソ連の仲介による和平へのかすかな期待と不安を語ったのだった。

そして七月末、天皇は「三種の神器はすべて私のそばに移して、私が身を守ることにしたい。しかし、それは人心に与える影響が大きいから慎重にことを運ぶことにする。そして万一の場合、自分が守って、運命をともにする以外に道はかんがえられない」と、三種の神器と運命をともにする決意を語った。三種の神器は天皇家の後継の証しとして唯一無二の宝だった。

同じころ、七月一六日に原爆実験はニューメキシコ州のアラモゴードにおいて成功をおさめた。実験に使用された爆弾はインプロージョン型(長崎に投下されたものと同型)だった。

この成功の報はポツダムに直ちに届けられた。米国のスティムソン陸軍長官は、陸軍関係当局から提出された詳細な計画のなかで、大統領の指示を受けて、爆撃目標都市のリストから京都を除外した。京都は軍事的にも非常に重要な目標だが、そこは日本の古都であり、日本の芸術文化の宝庫だった。京都への原爆投下は、歴史の中心である古都への親近感を抱く日本国民の大きな反発を招くのではないかという懸念をうんだのだった。そして原爆投下は、軍都広島のほか新潟、小倉、長崎を含む四都市が目標とされ、米国トルーマン大統領は承認を与えた。

「京都は、昔からの文化財がたくさんあるので、米軍の爆撃の対象にならなかった」

こんな説を、どこかで聞いたことはないだろうか。私も以前に聞いた記憶があるのだが、誰が言っていたのか思い出せない。何か根拠はあるのだろうか。

では、京都は以前から、爆撃対象外とされていたかというとそんなことはなく、京都も爆撃されていたのだった。一九四五年の一月一六日、東山区などが被害を受けている。その後も爆撃は続き、合計で二十回を超える空襲により、死者三〇二人、負傷者五六一人が記録されている。無論、文化財も被害を受けた。それでも、東京や大阪に比べれば被害は少なかったと言える。そこで生まれたのが、怪しげな「米国は文明国であり、京都には日本の文化財がたくさん残っているので、それを惜しんだ」というような解説である。米、英、カナダによる原子爆弾開発・製造のためのマンハッタン計画を描いた『資料 マンハッタン計画』（山極晃ほか編、大月書店）に目を通しても、文化財の保護などというレベルの話題は出てこない。第一、普通の米国人は、日本の文化財に興味など示さない。「米国人も日本の文化に興味をもっているはずだ」というのは、人のいい日本人の思い込みである。日本に関心を寄せる米国人は、ごく少数派にすぎなかった。

七月二四日に米陸軍参謀総長マーシャルから「合衆国戦略空軍司令官カール・スパーツ将軍」へ発せられた原爆投下の作戦は、以下のように定められた。

1 第二十航空軍第五百九混成部隊は、一九四五年八月三日ごろ以降、天候が目視爆撃を許す限り、なるべくすみやかに、最初の特殊爆弾を次の目標の一つに投下する。（目標） 広島、小倉、新潟及び長崎

2 特殊爆弾計画者による初準備の完了しだい、第二発目を前期目標に投下するものとする。前期目標以外の目標を設定する場合は別に指令する。

3 以下略

（『大本営陸軍部10』戦史叢書81、防衛庁防衛研修所戦史室編、朝雲新聞社）

かくて、トルーマン大統領の承認の下、陸軍省は参謀総長の名をもって戦略空軍司令官カール・スパーツ将軍に、七月二十四日付で、原爆第一号を投下するという司令を発した。

長崎に原爆投下したときの米軍パイロット、チャールズ・スウィーニー少将は、なぜ原爆投下作戦に同意したのか、次のようにのべている。

「日本が行った南京虐殺など数々の暴行を絶つため、戦争を終わらせるため、原爆の投下は不可避だった。天皇のいる王宮や京都のような宗教と文化の価値がある場所も、原爆投下の標的としては合法であったがあえて除外した。無実な民間人が巻き込まれたことに心が痛むが、この結果を招いたのは日本である」（『私はヒロシマ、ナガサキに原爆を投下した』スウィーニー著、黒田剛訳、原書房）

5 京都はなぜ、原爆投下の対象外になったのか

まず、日本が原爆投下の対象になるのは、一九四三年五月五日、つまり、ガダルカナル

を撤退し、山本五十六長官が戦死し、アッツ島で日本軍が全滅したころである。その後原爆実験の日が近づくと、具体的に原爆投下目標を決めることになった。

一九四五年四月、ルーズベルト死去後、就任したばかりのトルーマン大統領の下に、同年四月二七日、原爆投下目標検討委員会（議長はマンハッタン計画総司令官グローヴズ准将）を設置した。マンハッタン計画には科学者および兵器専門家が参加した。

同年四月二七日付の「目標検討委員会初回会議覚書」（ノースタッド航空軍参謀長から総合目標検討グループ長にあてた覚書）では、次のように投下対象が検討されていた。

「広島は、第二十一爆撃司令部の順位リストには載っていないが、これまで爆撃を受けていない最大の目標である。この都市について検討をおこなうべきである」「前掲の十七地域のうち、すでに破壊された地域を除外すべきである」このあたりから京都と広島がクローズアップされてくる。東京などは、すでに瓦礫《がれき》の山だったから、もはや原爆投下の目標にはならなかった。

一九四五年五月一二日付の「目標検討委員会第二回会議の要約」（I・R・グローヴズ少将にあてた覚書）では、次のように京都と広島がＡＡクラス（最優先）の目標とされていた。

「京都↓この目標は、人口一〇〇万を有する都市工業地域である。それは、日本のかつての首都であり、他の地域が破壊されていくにつれて、現在では、多くの人々や産業がそこへ移転しつつある。心理的観点から言えば、京都は日本にとって知的中心地であり、そこの住民は、この特殊装置のような兵器の意義を正しく認識する可能性が比較的に大きいという利点がある」

京都は、それまで空襲が少なかったことがかえってあだとなり、原爆の第一目標にされてしまった。京都への原爆投下計画については、立命館大学国際平和ミュージアムの常設展示「京都原爆投下計画」に投下予定の地図が展示されている。

そもそも、どういう基準で投下目標が決定されたのか。一九四五年五月四日陸軍・海軍・国務三省および原爆の開発に従事した科学者の最高幹部の参加する「暫定委員会」(委員長スティムソン陸軍長官)が設立された。同年五月三一日付の「暫定委員会会議覚書」には、次のような記録がある。

「さまざまな目標およびもたらされる効果について大いに議論したあと、長官が次のような結論を下し、これに全員が同意した。日本側に事前の警告を与えることはできない。民間地域を集中攻撃目標にすることはできない。ただし、可能なかぎり多数の住民に深刻な心理的効果を与えるようにすべきである。長官は、コナント博士の提案を受けて、最も望ましい目標は、多数の労働者を雇用し、かつ、労働者住宅にぎっしりと囲まれている基幹軍需工場であろうという点で同意した」

京都を救ったのは、スティムソン陸軍長官であった。スティムソンは、日本に対して、それなりの見識をもつ軍人であった。一九四五年七月二日付の「スティムソンからトルーマン大統領にあてた覚書」には、次のような記述がある。

「私の考えでは、日本は、そのような危機にさいしては、米国の現今の新聞、その他の論評が指摘しているよりもはるかに理性に従う国である。われわれとまったく異なった心理をもつ狂信者だけが集まってできている国ではない。それどころか、日本は、きわめて知的な国民をもっていることを過去一世紀足らずで実証したのである」

米国のマスコミの論評に酷なものが多かった。しかし、スティムソンは、マスコミに影響されることなく、前述のように自分なりの考え方をもっている軍人であった。

一九四五年六月三〇日付の「グローヴズからマーシャル陸軍参謀総長にあてた覚書」に「京都も選ばれましたが、同市は、陸軍長官の指令により、原子核分裂爆弾のみならず、すべての爆撃の目標候補地から除外されました」と記述されている。六月末の時点で、ようやく京都は投下目標からはずされたのだ。ただし、グローヴズらは京都への原爆投下を諦《あきら》めたわけではなく、別の書物には以下のような記述がある。（「グローヴス覚書・京都」一九四五年七月二日付）

「私はとくに目標としての京都に執着を覚えたのだが、それは既述のように、われわれが原爆諸効果の完全な知識を入手するためにはまたとない広さをもっていたからである。この点、広島のほうはそれほど理想的とはいえなかった。目標委員会の全員が、京都こそは日本のもっとも重要な軍事目標の一つだときめていたように、私もまたそれをきわめて強く感じていた。したがって、その後も機会あるごとに私は京都を目標に包含するよう力説してやまなかった」（『京都に原爆を投下せよ』吉田守男著、角川書

店）

米国の本音が語られている。彼らにとって、京都はまさに〝理想的〟な投下目標だったのだ。こんな状況だから、スティムソンはトルーマン大統領の心変わりが心配だったらしく、その後もトルーマンの説得を続けている。

「スティムソン日記（抄）」には、一九四五年七月二四日付（ハリソンからスティムソンあて）で次の記述がある。

「S－1計画について私は大統領に対し、提案されている目標のなかの一つを除外すべきであると私が考える理由を再び述べた。大統領は、この問題について大統領自身の賛成の考えを、この上なく力をこめて繰り返し述べた。私が、もし除外しない場合には、そのようなむちゃな行為は反感を招き、戦後、長期にわたってその地域で日本人に、ロシア人に対してではなく、むしろわれわれに対して友好的な感情をもたせることが不可能になるのではないか、と提言したところ、大統領は、とくに力をこめてこれに賛同した」

京都と奈良の爆撃回避については、グルー駐日大使に引き揚げの際（在任期間、一九三二年〜四一年）牧野伸顕《のぶあき》が秘密に会見し、天皇制存続とともに依頼した事項でもあったという。グルー大使は約十年在日し、日本の皇族方や、牧野伯とは特別な深交があった。京都・奈良を爆撃目標から外すことと天皇制護持は、グルー国務次官の提案で、閣僚や統合幕僚長会議の承認をえてトルーマン大統領に進言されたのである。

6　原爆投下対象になぜ広島が選ばれたのか

スティムソンのきわめて政治的な配慮によって、京都は救われたのである。彼の言うように、天皇家と関係の深い、古くからの都を原爆で破壊すれば、日本人の怒りは広島以上に根強く残り、その後の占領政策や日米関係に少なからぬ影響を与えたかもしれない。

七月二四日の時点で、残された原爆投下目標は、広島、小倉、新潟、長崎であった。同日付の「一般参謀部Ｊ・Ｎ・ストーン大佐からＨ・Ｈアーノルド陸軍航空隊総司令官にあてた覚書」には、次のように記されている。

（1）広島（人口三五万）は、「陸軍」の都市で、主要船積み港である。大規模な兵站《へいたん》・補給施設や、かなりの規模の工業といくつかの小規模な造船所がある。
（2）長崎（人口二一万）は、九州の海運・工業の中心地である。
（3）小倉（人口一七万）には、最大の陸軍兵器廠・軍需品工場の一つがあり、九州で最大の鉄道工場がある。また、南方に大規模な軍需物資保管施設がある。
（4）新潟（人口一五万）は、工作機械、ディーゼルエンジン等を製造する重要工業都市であり、本州にとっての主要海運港である。四市いずれにも、破壊された大都市から避難してきた日本の重要な実業家や政治家が多数いると考えられる。

とりわけ広島について、次のように述べている。「広島、ここは、陸軍の重要補給基地であり、また、都市工業地域の中心に位置する物資積み出し港である。広島はレーダーの格好の目標であり、広い範囲にわたって損害を与えることのできる程度の広さの都市である。隣接して丘陵地があり、それが、爆風被害をかなり大きくする集束作用を生むであろう。川があるので、焼夷弾《しょういだん》の目標としては適当ではない」。つまり、原爆の効果を見るのにちょうどいいというのが選定理由になっている。

この四つの都市の中でも、広島が最優先の投下目標に選ばれた理由は、もう一つある。七月三一日付の「米国陸軍戦略航空隊司令部（グアム）から陸軍参謀総長あて（第一〇二七号）」には、次のように記されている。

「捕虜の報告によれば、広島は、センターボード作戦の四目標都市のなかで、連合軍捕虜収容所がない唯一の都市である。指図《さしず》を求める」

それに対する返答が、同日付の「一般参謀部H・M・パスコ中佐からスパーツ陸軍戦略航空隊（グアム）総指揮官あて（第三五四二号）」であり、次のように記されている。

「しかし、貴官が貴官の情報を信頼しうるものと考えるならば、広島を目標のなかで第一に優先すべきである。当地で入手できる情報によれば、日本のほとんどすべての大都市には捕虜収容所がある模様。挙《あ》げられた諸地域における的確な目標の選定にあたっては、捕虜収容所の位置を真剣に検討すること」

ということで、広島が選ばれた。捕虜収容所は広島にはなかった。その有無こそ直接的な理由だったのだ。

原爆投下目標に長崎が浮上してきた理由は定かではない。『資料 マンハッタン計画』には、次のようなファレル将軍の回想を掲載している。

「私はグローヴズに代わって長崎は大きな爆弾のための大きさがないからまずいと反対した。その都市は細長くて二つの山の間にあり、爆弾の爆発効果が発揮されないと言った。またここはこれまでに数回にわたってひどく爆撃が行われており、原爆の効果測定のためにもまずいと言った」

実際の原爆投下でも、本来の目標は小倉であった。ただ、現地が曇り空であったため、爆撃機は投下を諦めて長崎に向かった。長崎上空も曇り空であったが、たまたま雲の切れ目があったので投下されてしまった。その爆撃機は、もう少しで燃料切れを心配して引き返すところだったという。痛恨《つうこん》の「雲の切れ目」であった。不幸にも、悲運の長崎になってしまった。

7　聖断で「ポツダム宣言」の受諾決定

八月九日、最高戦争指導会議が開かれた。構成員は六人で、鈴木首相・東郷外相・阿南惟幾陸相・米内光政海相・梅津美治郎参謀総長・豊田副武軍令部総長であった。会議では、「天皇の国法上の地位を変更する要求を包含し居らざることの了解」（いわゆる国体擁護＝天皇制の維持）の下に、「ポツダム宣言」を受諾する案（鈴木・東郷・米内が賛成）、これに対して、天皇問題の他に、軍隊の自主的撤兵、戦争犯罪人の国内処理、保障占領をしないことの四条件案（阿南・梅津・豊田が賛成）が対立し、議論は平行線をたどった。

この日、重光は、近衛から相談を受け、木戸内大臣と会い、この際、天皇の勅裁《ちょくさい》が必要と談判した。重光は、このままでは「軍部の意向をくつがえすことはできぬ。これをくつがえすには、勅裁しかない。それも今日の場合はもう土壇場にきている。日本の運命を決する最後の線に立っているわけである。政府に対して取るべき手段がなおあれば僕と近衛とで必ず引き受ける。君には事情を天皇陛下に直接申し上げてもらいたいのだ」と。

木戸は、「解《わか》った」と了承し、天皇に伝えた。「陛下は万事御了解で、非常なご決心でいられる。君らは心配ない。今夜、直ちに御前会議を開いて、御前で意見を吐き、勅裁を仰いで決定するよう内閣側で手続きをとるようにしよう」と、その結果を重光に報告したのだった。

「ポツダム宣言」の口語訳は次の通りである。

「ポツダム」共同宣言（米、英、支三国宣言）

昭和二〇年（一九四五）七月二十六日 ポツダムで署名

昭和二〇年（一九四五）八月十四日 日本受諾

一 われら合衆国大統領、中華民国政府主席及びグレート・ブリテン国総理大臣は、われらの数億の国民を代表して協議の上、日本国に対して、今次の戦争を終結する機会を与えることで意見が一致した。

二 合衆国、英帝国及び中華民国の巨大な陸、海、空軍は、西方より自国の陸軍及び空軍による数倍の増強を受け、日本国に対し最後的打撃を加える態勢を整えた。この軍事力は、日本国が抵抗を終止するまで、日本国に対し戦争を遂行しているすべての連合国の決意により支持され、かつ鼓舞されているものである。

三　決起した世界の自由な人民の力に対する、ドイツ国の無益かつ無意義な抵抗の結果は、日本国国民に対する先例を極めて明白に示すものである。現在、日本国に対し集結しつつある力は、抵抗するナチスに対して適用された場合において、全ドイツ国人民の土地、産業及び生活様式を必然的に荒廃に帰させる力に比べて、測り知れない程度に強大なものである。われらの決意に支持されたわれらの軍事力の最高度の使用は、日本国軍隊の不可避かつ完全な壊滅を意味し、また同様に、必然的に日本国本土の完全な破滅を意味する。

四　無分別な打算により日本帝国を滅亡の淵に陥れた、わがままな軍国主義的助言者により、日本国が引き続き統御されるか、又は理性の経路を日本国がふむべきかを、日本国が決定する時期は、到来した。

五　われらの条件は、以下のとおりである。

われらは、右の条件より離脱することはない。右に代わる条件は存在しない。われらは、遅延を認めない。

六　われらは、無責任な軍国主義が世界より駆逐されるまでは、平和、安全及び正義の新秩序が生じえないことを主張することによって、日本国国民を欺瞞《ぎまん》し、これによって世界征服をしようとした過誤を犯した者の権力及び勢力は、永久に除去されなければならない。

七　このような新秩序が建設され、かつ日本国の戦争遂行能力が破砕されたという確証が得られるまでは、連合国の指定する日本国領域内の諸地点は、われらがここに指示する基本的目的の達成を確保するため、占領される。

八　カイロ宣言の条項は履行され、また、日本国の主権は本州、北海道、九州及び四国並びにわれらが決定する諸小島に局限される。

九　日本国軍隊は、完全に武装を解除された後、各自の家庭に復帰し、平和的かつ生産的な生活を営む機会を与えられる。

十　われらは、日本人を民族として奴隷化しようとし又は国民として滅亡させようとする意図を有するものではないが、われらの俘虜《ふりょ》を虐待した者を含む一切の戦争犯罪人に対しては厳重な処罰を加える。日本国政府は、日本国国民の間における民主主義的傾向の復活強化に対する一切の障害を除去しなければならない。言論、宗教及び思想の自由並びに基本的人権の尊重は、確立されなければならない。

十一　日本国は、その経済を支持し、かつ公正な実物賠償の取立を可能にするような産業を維持することを許される。ただし、日本国が戦争のために再軍備をすることができるような産業は、この限りではない。この目的のため、原料の入手は許可される（その支配とはこれを区別する）。日本国は、将来、世界貿易関係への参加を許される。

十二　前記の諸目的が達成され、かつ日本国国民が自由に表明する意思に従って平和的傾向を有し、かつ責任ある政府が樹立されたときには、連合国の占領軍は、直ちに日本国より撤収する。

十三　われらは、日本国政府が直ちに全日本国軍隊の無条件降伏を宣言し、かつこの行動における同政府の誠意について適当かつ充分な保障を提供することを同政府に対し要求する。これ以外の日本国の選択には、迅速かつ完全な壊滅があるだけである。

（出典：外務省編『日本外交年表並主要文書』下巻、一九六六年刊の口語訳）

八月九日夜、一一時過ぎ、宮中の地下防空壕の一室で、最高戦争指導会議（御前会議）

が開かれた。出席者は、天皇、指導会議のメンバー六人、それに、内閣書記官長・総合計画局長・陸軍と海軍の事務局長であった。御前会議は一〇日二時三〇分まで続いた。天皇は外務大臣の主張する「天皇大権の条件を付してポツダム宣言を受諾する」、つまり、皇室、天皇の統治大権の確認のみを条件として「ポツダム宣言」の受諾を決断したのだった。

御前会議終了後、木戸日記（木戸内大臣の聞きがき要旨）には、天皇が木戸に話した要旨が記されている。『木戸幸一日記（下）』（東京大学出版会、一九六六年）によれば、

「本土決戦、本土決戦といふけれど、一番大事な九十九里浜の防備もできて居《お》らず、又決戦師団の武装すら不十分にて、これが、充実は九月中旬以降になるといふ。飛行機の増産も思ふように行って居らない。いつも計画と実行は伴なわない。之《これ》で、どうして戦争に勝つことができるのか。勿論《もちろん》、忠勇なる軍隊の武装解除や戦争責任者の処罰等、其等の者は忠誠を尽くした人々で、それを思ふと実に忍び難いものがある。而《しか》し今日は忍び難きを忍ばなければならぬ時と思ふ。明治天皇の三国干渉の際のご心持を偲《しの》び奉《たてまつ》り、自分は涙をのんで原案に賛成する」

と、「ポツダム宣言」を受諾した際の、聖断の理由を明かした。

また、当時の『迫水久常《さこみずひさつね》書記官長の記録日記』では、その作戦準備について「先日、参謀総長から九十九里浜の防備についての話を聞いたが、実はその後侍従武官が実地を見てきての話では、防備はほとんど出来ていないようである。また、先日、編成の終わったある師団の装備については参謀総長から完了の旨の話を聞いたが、実は兵士に銃剣さえ行きわたっていない有様であることがわかった」(『機関銃下の首相官邸』迫水久常著、恒文社)と天皇の、陸軍に対する不信の話が記されている。

天皇は九日深夜の御前会議において、陸軍大臣は玉砕論を強く主張したが、天皇は採用せず、陸軍不信の具体的事例まで述べ、このため陸軍部内は一大衝撃を受けた。士気低下を恐れた陸軍は陸軍大臣訓示の発表を強行した。ソ連軍参戦が本格的に明らかとなり、大本営は、台湾からの航空兵力の転用と関東軍及び第五方面軍に対し対ソ作戦開始を命令したのであった。

8　天皇の玉音放送とクーデター失敗、阿南陸軍大臣の自殺

八月一四日、天皇招集の御前会議で、「聖断」を再確認し、正式に「ポツダム宣言」受諾の決定をし、連合国に対して通告した。このときの天皇の言葉は、「終戦の詔勅」と内容は大きく変わっていないが、『昭和史　1926—1945』（半藤一利著）によれば、つぎの通りであった。

「反対論の趣旨はよく聞いたが、私の考えはこの前、いったことと変わりはない。私は、国内の事情と世界の現状を十分考えて、これ以上戦争を継続することは無理と考える。国体問題についていろいろ危惧《きぐ》もあるということであるが、先方の回答文は悪意をもってかかれたものとはおもえないし、要は、国民全体の信念と覚悟の問題であると思うから、この際、先方の回答を、そのまま受諾してよろしいと考える。陸海軍の将兵にとって、武装解除や保障占領ということは堪え難いことであることもよくわかる。国民が玉砕して君国に殉《じゅん》ぜんとする心持もよくわかるが、しかし、私自身はい

かになろうとも、私は国民の生命を助けたいと思う。この上、戦争を続けては、結局、わが国が全く焦土《しょうど》となり、国民にこれ以上苦痛をなめさせることは、私としては忍びない。この際、和平の手段にでても、もとより先方のやり方に全幅の信頼をおきがたいことは当然であるが、日本がなくなるという結果に比べて、少しでも種子が残りさえすれば、さらにまた復興という光明も考えられる。私は、明治天皇が三国干渉の時の苦しいお心持をしのび、堪え難きを堪え、忍びがたきを忍び、将来の回復に期待したいと思う。これからは日本は平和の国として再建するのであるが、これは難しいことであり、また時も長くかかることと思うが、国民が心を合わせ、協力一致して努力すれば、かならずできると思う。私も国民とともに努力する。

今日まで、戦場にあって、戦死し、あるいは、内地にいて非命にたおれた者やその遺族のことを思えば、悲嘆に堪えないし、戦傷を負い、戦災を蒙《こうむ》り、家業を失った者の今後の生活については、私は心配に堪えない。この際、私のできることはなんでもする。国民は今何もしらないでいるのだから定めて動揺すると思うが、私が国民に呼びかけることがよければ、いつでもマイクの前に立つ。陸海軍将兵はとくに動揺も大きく、陸海軍大臣は、その心持をなだめるのに、相当困難を感ずるであろうが、必要があれば、私はどこへでも出かけて親しく説《と》きさとしてもよい。内閣では、至急に終戦に関する詔書を用意してほしい」

この天皇の聖断によって、戦争は終結の事態に向かったのであった。

これより先、国体護持の条件について、陸軍中枢の幕僚の間に降伏阻止のクーデター計画がもちあがっていた。

軍務課の『敗戦の記録』（参謀本部所蔵）によれば、次のような作戦行動がなされた。

「八月十二日、軍務局の竹下正彦中佐は、昨日来計画せる治安維持のために東部軍管区及び近衛師団を用いて宮城、各宮家、重臣、閣僚、放送局、陸海軍省、両統帥部の要所に兵力を配置し、陛下及皇族を守護し、奉ると共に、各要人を保護する偽装クーデター計画に付き、若松只一次官に意見を具申した。

その直後、竹下は、畑中健二少佐ら少壮幕僚六人で阿南陸軍大臣に直接会い、意見を具申した。その際、竹下は「東部軍及近衛師団参謀総長を招致し、万一の場合に応じ準備を命ぜられ度旨」具申した。大臣は許可し、次官に処理を命じた。翌十三日、次官は、東部軍参謀総長、及び憲兵隊司令部本部長を招致して警備強化を命じた。この段階で阿南陸相はクーデター準備にうつることにゴーのサインをだしたのだった。

十三日の最高戦争指導会議では「ポツダム宣言」の受諾論と再照会論が三対三で決着がつかず、鈴木貫太郎首相は「重ねて聖断を仰ぎたい」との表明で、受諾は引き伸ばされた。その夜、竹下、畑中らは会議から帰った阿南陸相にクーデターを進言した。

クーデター計画は、陸相、参謀総長、東部軍司令官、近衛第一師団長の四人の同意が絶対条件であった。だが、実兵力を掌握している森赳近衛第一師団長の周辺からは「大命に非《あらざ》る限り、仮令《たとえ》大臣の命なりとも、絶対に決起はしない」という観測が流れ、監禁するか殺すか、それ以外の方法はないとして計画された」

畑中少佐、椎崎二郎中佐は、「大本営からの増加参謀」と名乗り、その幕僚らは偽装の口達筆記書（近衛師団命令）を作成した。それは、つぎのようなものであった（『大本営陸軍部10』）。

【近衛師団命令】

一、近衛師団は、国体護持のため宮城を占拠し、天皇陛下を守護し奉らんとす

二、近衛歩兵第一連隊は一部をもって竹橋、乾門、三番町口を占領せしめると共に、主力をその兵営付近に集結し、爾後《じご》の出動に準備すべし、

三、近衛歩兵第二連隊は宮城内を守備し城外との交通を遮断すべし

四、近衛歩兵第六連隊は依然現任務（大宮御所の警備）を続行すべし

五、近衛歩兵第七連隊は宮城外苑を占領し外部との交通を遮断すべし

六、爾余《じよ》の諸隊は夫々《それぞれ》その兵営において爾後の出動を準備すべし

この偽命令にそって行動した「畑中、椎崎は一四日夜、近衛師団司令部に行き、森師団長に決起を要請した。森は、すでに聖断があった以上、軽挙盲動は断じて不可なることを主張し、要請を拒否した。それにもかかわらず、師団長に再度、強硬に決起を促したが、断固拒否され、畑中は拳銃と軍刀で殺害し、一緒にいた白石通教中佐も切り殺した。また、畑中、椎崎らは天皇の玉音放送の録音盤の奪取にも失敗し、内大臣、宮相の逮捕にも失敗し、芳賀豊三郎大佐にも真相を見破られ、目的達成は不可能だと悟り、宮城前に至っ

て自決した」(『大本営陸軍部10』)。

一四日、阿南大臣は荒尾興功大佐を同行し、梅津美治郎参謀総長を訪ね、クーデターの決行に同意を求めた。梅津は、まず、宮城内に兵を動かすことは難しいと言い、そして全面的に同意しなかった。結局、梅津参謀総長の全面的反対によって、クーデター計画は、失敗に終わった。

前日夜半、降伏決定を知った陸軍の中将数名らは、森近衛師団長を射殺し、偽装命令をだし、近衛師団を動かして宮城と放送局を占拠した。だが、天皇の声を録音したレコードを発見できず、玉音放送を中止できなかった。また、生放送による国民への徹底抗戦の呼びかけも阻止されて失敗した。首謀者は自刃《じじん》し、クーデターは完全に未遂に終ったのだった。阿南陸相は「陸軍最終の醜」といわれた。

阿南陸相は、この会議終了後もクーデター案、単独辞職案に固執していたが、翌日未明、自殺した。

一五日未明から早朝にかけて、総理官邸、鈴木首相私邸、木戸内府私邸、平沼私邸が、横浜警備第三旅団司令部の部隊らの襲撃を受けた。私宅を焼かれた鈴木は難をのがれた。

一五日正午、ラジオを通じて、天皇の朗読する声「終戦の詔書」が、全国に流された。

午後五時ごろ、臨時閣議で鈴木首相は辞任した。首相は自決するのではないかと懸念する閣僚もいた。これまでも過去の事例に照らせば、鈴木内閣は何度も辞任ないし崩壊しているはずであったが、これまで素知らぬ顔で乗り切ってきたのである。

「終戦の詔書」（玉音放送の内容）の口語訳（巻末【史料4】参照）

私は深く世界の大勢と日本の現状について考え、非常の手段によってこの事態を収拾しようと思い、ここに忠義で善良なあなた方臣民に告げる。

私は帝国政府に、米国、英国、中国、ソ連に対してポツダム宣言を受け入れることを通告させた。

そもそも日本国民の安全を確保し世界の国々と共に栄えその喜びを共にすることは、私の祖先から行ってきたことであって私もそのように努めてきた。

先に、米国・英国二国に宣戦を布告したのも、我が帝国の自立と東亜の安定を願ってのものであって、他国の主権を侵害したり、領土を侵犯したりするようなことは、もちろん私の意志ではない。

しかしながら、戦闘状態はすでに四年を超え、私の陸海将兵の勇敢な戦闘や、私の官僚・公務員たちの勤勉なはたらきや、私の一億国民の努力と、それぞれ最善を尽くしたにもかかわらず、戦争における状況はよくならず、世界の情勢も我々には不利に働いている。

それだけではない。敵は、新たに残虐な爆弾を使用して、何の罪もない多くの非戦闘員を殺傷し、その被害はまったく図り知れない。

それでもなお戦争を継続すれば、最終的には日本民族の滅亡を招き、そして人類文明をも破壊することになってしまうだろう。

そのような事態になったとしたら、私はどうしてわが子である多くの国民を保ち、先祖の霊に謝罪することができようか。これこそが政府にポツダム宣言に応じるようにさせた理由である。

私は日本とともに終始東亜の植民地解放に協力した友好国に対して、遺憾の意を表さざるを得ない。帝国臣民にして戦場で没し、職場で殉職し、悲惨な最期を遂げた者、またその遺族のことを考えると体中が引き裂かれる思いがする。さらに戦場で負傷し、戦禍にあい、家や職場を失った者の厚生については、私が深く心配するところである。

思うに、これから日本の受けるであろう苦難は、大変なものになる。国民たちの負けたくないという気持ちも私はよく知っている。しかし、私はこれから耐え難いことを耐え、忍び難いことを忍んで将来のために平和を実現しようと思う。

私は、ここにこうして国体を守り、忠義で善良なあなた方臣民の真心を信頼し、そして、いつもあなた方臣民とともにある。

もし、感情的になって争い事をしたり、同胞同士がいがみあって、国家を混乱におちいらせて世界から信用を失うようなことを私は強く懸念している。

国を挙げて一つの家族のように団結し、子孫ともども固く神国日本の不滅を信じ、道は遠く責任は重大であることを自覚し、総力を将来の建設のために傾け、道義心と志操を固く持ち、日本の栄光を再び輝かせるよう、世界の動きに遅れないように努めなさい。

あなた方臣民は私の気持ちを理解しそのようにしてほしい。

天皇の署名と印璽

昭和二十年八月十四日

9 降伏条件の事前調整、マニラへ河辺参謀本部次長派遣

八月一六日、連合国最高司令官は日本国政府に対し、「フィリピン・マニラ市にある連合国最高司令官の司令部に、日本国天皇、日本国政府、日本国大本営の名において、降伏条件を遂行するための必要なる諸要求を受領する権限を有する代表者を派遣することを命ずる」旨の通告がなされた。

このマニラ行きの使節団の人員選定が、大本営内部で大きな問題になった。

河辺虎四郎参謀次長は、「当然この使節の任務が、降伏文書に調印する程度の高級な地位を要するものであるならば、陸軍側では参謀総長が、これにあたるのが妥当であろうと信じ」梅津美治郎参謀総長に意見をのべたが、引きうけようとする意志を表明しなかった。そこで、河辺は、土肥原賢二大将と杉山元元帥に頼み、総長の説得かた尽力を求め、話しあってもらったが、梅津総長はあれこれの理由で、承諾しなかった。

人選がすすまず翌一七日の出発は不可能となった。人員選考を担当していた陸軍の永井八津次少将が、河辺に談判にきた。河辺は「上司が私でよろしいといわれるなら行きま

す」と承諾したのだった。

河辺は陸軍内の随員の人選に手間取った。指名した一部の者が、恥辱であるこの任務を引き受けることを欲しないために拒否的態度をとった。また、ある者は「上官の命令」さえ拒否して、自決すると表明したりして、降伏軍使節団の一員の任を免《まぬが》れるための拒否の態度を示したのだった。この事態に、河辺は「もしも逆に景気のよい使者であったら、どれくらいの多くの志願者があることであろうか」(『河辺虎四郎回想録』)と述懐した。一八日、陸軍側の随員七名は決まった。最終的に、一行の一三名が決まり、代表として河辺参謀次長を決定した。河辺は軍人として最も毛嫌いされる役目となる使節団長を引き受けたのだった。

一九日朝六時、陸軍の一行は羽田を出発し、木更津で政府側、海軍側と合流、使節団は二機に分乗し、沖縄の伊江島に無事到着した。そこで、待機していた米軍のDC-3大型機(座席数三二)に乗り、夕方五時すぎマニラのニコラス・フィールド空港に着陸したのだった。

使節団に届けられた書類には、正式降伏文書への調印は八月二八日に東京湾内米国軍艦の艦上で行われると指定され、二六日にマッカーサーは厚木に到着、その先発の一部は二三日に到着予定と決められていた。使節団が受理し、持ち帰る文書は、①「降伏文書」、②「降伏に関する天皇の布告文」（詔書）、③「降伏実施に関する陸海軍総命令第一号」の三点であった。

河辺の唯一の心配は、「正式の降伏文書調印の際に天皇自ら出てこいということを指令されることがあるまいか」。そして「もしも天皇の臨場署名等を要求されたら、その指令を知って甘受して、復命できることか。この不安が胸中のシコリとなってとれず、その際私のとるべき処置を一通り考えた」と回想に記している。中でも最大の懸念は「降伏文書」に天皇自身の調印が要求されるか否かにあった。八月一九日マニラ到着後、会談前にホテルに届けられた書類には、降伏調印は政府及び大本営それぞれの代表者によっておこなわれることが、指示されていたのだった。その書類に天皇自身の調印の欄はなく、河辺の最大の懸念は払拭《ふっしょく》されたのだった。

ホテルでは、連合軍の進駐計画について使節団で協議し、「われわれ一行が東京に帰ったあと十日間の余裕を与えられなければ、とうてい混乱のない整斉《せいせい》たる進駐ができえないことを、陸海空情報提示の際に彼等に了解させるように申し合わせ」た。そして、会談の中で、河辺団長は、米軍側の日本国内部の実情について見方が誤っているので、進駐の計画はほとんど不可能に近い。軍隊の武装解除と警察力の配置、食糧と住居の確保が困難であり、日本内地の現状にこたえて、検討を加え、わが方の受け入れ態勢を整えるに充分の時間的余裕を与えるよう再考を求めた。

これに対して米軍側は、五日間の余裕を与える妥協案を示した。すなわち、先発隊の厚木到着八月二六日、マッカーサー元帥の日本到着八月二八日、調印式は三一日とした。河辺は、進駐部隊を受け入れるまで十日間の猶予が必要と繰り返しのべ、「もし、貴方が勝利者の権威をもって、われわれを強いるのであれば、われわれはこれに服するほかない」と、しかし、「不安はある」と述べた。

だが、米軍側は承知せず、最終の会議で「書類に掲げられている文章についての質問はさしつかえないが、内容の改変に関する意見は認めない」との強硬姿勢であった。米軍側は使節団に対して、東京に伝達すべき三種の文書を改めて手渡したのだった。

二〇日午後、一行はマニラを離れ、伊江島で飛行機を乗り換え、木更津に帰着する予定であった。ところが、途中で燃料切れとなり、遠州灘の海岸に不時着した。一行は、海浜であったので命拾いした。近くの浜松飛行場で飛行機を臨時に準備させ、二一日午前八時頃、東京の調布飛行場に到着した。ただちに首相官邸に向い、前夜から心配して待機していた東久邇《ひがしくに》首相、重光外相、米内海相、近衛国務相、梅津・豊田両総長のほか関係者らに、河辺団長は復命報告をおこなった。

八月二八日、台風の影響で、マッカーサーの随行部隊は、二日遅れで厚木に到着した。そして、三〇日にマッカーサー自身が厚木飛行場に到着した。部隊一行は横浜に向い関内に駐屯し、九月二日の東京湾ミズーリ号上の日本降伏の調印式に備えたのだった。

10　難航した「降伏文書」調印式の代表選定

八月一七日に東久邇宮《ひがしくにのみや》内閣が成立し、副総理格の国務相に近衛文麿、外相に重光葵が就任した。鈴木貫太郎内閣退陣後、「国体護持」を至上の課題とする「終戦処理」内閣として皇族内閣を成立させたのは、まさに、天皇の権威を利用するにふさわしい体制をつくることが目的であった。

「降伏文書」調印式の代表には、天皇の代理として皇族の東久邇首相か公爵の近衛国務相、政府代表としては重光外相が適当とされていた。重光は、「政府代表として総理又は之《これ》に代わる人、大本営よりは陸海の首脳の一名とするを理論的なり」と提案した。だが、大本営の梅津参謀総長は「自分は降伏に反対し玉砕主義をとりたり、もし、強《し》いて自分に行けと云ふならば、御前《ごぜん》は死すべしと云ふと同様なり」と、大本営は何等の権限は実際なし等と主張、従来とは打って変った態度を表明したために、署名人を決定できず、重光案は実現しなかった。

その後、重光は近衛国務相と話しあい「総理の宮（東久邇首相）が軍部を代表するか、止むなくば他の宮（高松宮）として軍部を救ひ、政府としては素《もと》より外相自身引き受け責任を一身に負ふべきこと」と考え、天皇の意向を仰ぐことになった。その結果、八月三一日の終戦処理会議で、天皇・政府代表は重光外相、大本営代表は梅津総長と決定した。

大本営は天皇のもとに置かれた最高の統帥部《とうすい》だが、参謀総長は、海軍の統帥を代表する権限をもっていない。陸海軍の両総長は平等の地位にあって天皇に直属していた。しかし、天皇の統帥権を代表できる権限を有してはいなかった。この間、権限争いにあけくれた陸海軍の首脳が、降伏文書の調印をめぐり、相互に職責を回避しての責任のなすりあい、軍中枢の最後の幕切れをむかえたのであった。

重光は、「戦争が一日にして止《や》んだ当時の、日本指導層の心理状態は特異のものであった。戦争と終結、降伏の実現について責任を負うことを極力嫌悪して、その仕事に関係することを避けた。この空気において降伏文書の調印に当たることは、公人としては破滅を意味し、軍人としては自殺を意味する、とさえ考えていた」と、当時を回想している。

11 「降伏文書」の調印式、東京湾・ミズーリ号艦船上で署名

連合国は一九四五年九月二日（最初は八月三一日の予定だったが、悪天候等により遅延）東京湾上米艦船ミズーリ号において正式調印を指定してきた。これにより、即時「降伏文書」に調印することになる。

「降伏文書」の調印式は、九月二日、東京湾内のミズーリ号上でおこなわれた。マッカーサーは、調印式は宮城《きゅうじょう》でやることを望んでいた。それが艦上になったのは、日本の不満分子の妨害に対して安全が確保できること、戦艦名がトルーマン大統領の娘が命名したゆかりの艦船であったこと、いち早く「ポツダム宣言」を受諾表明した海軍に花をもたせる計らいなどのためといわれている。

午前九時、マッカーサーは「戦争は終結し、日本は降伏条件を忠実迅速に実行せざるべからず。世界に真の平和を克服せられ、自由と宏量《こうりょう》と正義の遵守《じゅんしゅ》せられんことを期待す」

1945年9月2日　「降伏文書」に署名する重光外相(天皇の代理兼政府代表)

1945年9月2日　米艦船ミズーリ号上の日本代表団（正面・左　重光葵外相・右　梅津美治郎参謀総長）

と、拡声器を通じて、二、三分の演説をおこなった。調印では、まず、日本側の重光と梅津が署名した。ついでマッカーサーが連合国を代表して署名し、その右下に米、中、英、ソ連、豪、カナダ、仏、オランダ、ニュージーランドの代表が順に署名して、式典は午前九時二〇分におわった。

重光は、このときの心境を「敵艦の上に佇む一時に、心は澄みて我祈りぬ」と記し、正式調印終了後「横浜途上往復共静にして一つの爆弾の飛来するものなく、一人の刺客の現はるものなし。寧ろ世を挙げて一切の責任を引き受けたる我等に同情するものの如く、多数の手紙をも受取りたり」と、かつて中国・上海虹口《ホンコウ》公園での爆弾事件（一九三二年四月、天長節式典の爆弾で重光負傷）がよぎり、決死の覚悟で臨み、無事終了したことの安心感に「日本も日本人も生まれ変わるを要し申し候」と心境を吐露したのだった。

その日、河辺虎四郎参謀次長は、梅津に随行した宮崎周一中将に調印式の様子を聞き「冷厳淡々たる一場面。それがまさに、世紀の調印式。大東亜戦争、太平洋戦争、日華事変、第二次世界大戦、それらすべての終止符であった」と、この調印で戦争が一段落した、歴史的な日と回想している。

「降伏文書」　昭和二十年九月二日東京湾上に於て署名（巻末【史料5】参照）

わたくしどもは、ここに、合衆国、中華民国、およびグレート・ブリテン国の政府の首班が一九四五年七月二六日ポツダムにおいて発し、のちにソヴィエト社会主義共和国連邦が参加した宣言に記された諸条項を、日本国天皇、日本国政府、および日本帝国大本営の命令によって、なおかつ、これに代わって、受諾する。右の四ヵ国は、以下にこれを連合国と称する。

わたくしどもは、ここに、日本帝国の大本営と、いずれの位置に置かれていようが、とにかく一切の日本国の軍隊と、日本国の支配下にある一切の軍隊の、連合国に対する無条件降伏を布告する。

わたくしどもは、ここに、いずれの位置に置かれていようがとにかく一切の日本国の軍隊と、日本国の臣民に対して、敵対行為をただちに終始すること、一切の船舶、航空機、ならびに、軍用および非軍用の財産を保存して、それらの毀損《きそん》を防止すること、および、連合国最高司令官や、あるいは連合国最高司令官の指示にもとづいて日本国政府の諸機関によって課されることになる一切の要求に応じることを、命じる。

わたくしどもは、ここに、日本帝国の大本営が、いずれの位置に置かれていようがとにかく一切の日本国の軍隊と、日本国の支配下にある一切の軍隊の、指揮官たちに対して、自分たち〔指揮官〕だけでなく、その支配下にある一切の軍隊は無条件に降伏せよという趣旨の命令を、ただちに発することを命じる。

わたくしどもは、ここに、一切の官庁、陸軍および海軍の職員たちに対し、連合国最高司令官が、この降伏の実施のために適当であると考えてみずから発するか、または連合国最高司令官からの委任にもとづいて〔連合国最高司令官ではない者に〕発させる一切の布告、命令および指示を遵守《じゅんしゅ》し、かつ、これを施行するように命じるとともに、右に述べた職員たちが連合国最高司令官によるか、あるいは連合国最高司令官からの委任にもとづいて〔連合国最高司令官ではない者から〕特に任務を解かれない限りは、各自の地位にとどまり、なおかつ、引き続いて各自の非戦闘的な任務を行なうことを命じる。

わたくしどもは、ここに、ポツダム宣言の条項を誠実に履行すること、ならびに、右の宣言を実施する目的で連合国最高司令官や、あるいはそれ以外の所定の連合国代表者が要求するであろう命令はどんなものでも発し、なおかつ、そのような〔要求された」措置はどんなものでも執行することを、天皇、日本国政府、およびそれらの後継者たちのために、約束する。

わたくしどもは、ここに、日本帝国政府と日本帝国大本営に対し、いま現在日本国の支配下に置かれている一切の連合国の俘虜と被抑留者をただちに解放すること、ならびに、彼らの保護、手当、給養、および指示された場所への即時移送のための措置を執ることを、命じる。

天皇および日本国政府の、国家統治の権限は、この降伏の約定《やくじょう》を実施するために適当であると思える措置を執ることになる連合国最高司令官の、制限の下に置かれるものと定める。

一九四五年九月二日、午前九時四分、日本国の東京湾上において署名する。

大日本帝国天皇陛下および日本国政府の命令により、そしてその代理として

重光　葵

日本帝国大本営の命令により、そしてその代理として

梅津　美治郎

一九四五年九月二日午前九時八分、日本国の東京湾上において、合衆国、中華民国、

連合王国、および、ソヴィエト社会主義共和国連邦のために、ならびに日本国と戦争状態にある他の連合諸国家の利益のために受諾する。

連合国最高司令官　ダグラス・マックアーサー

アメリカ合衆国代表者　C・W・ニミッツ

中華民国代表　徐永昌

連合王国代表　ブルース・フレーザー

ソヴィエト社会主義共和国連邦代表者　クズマ・エヌ・デレヴィヤンコ

オーストラリア連邦代表者　T・A・ブレーミー

カナダ代表者　L・コスグレーヴ

フランス国代表者　ジャック・ルクレルク

オランダ国代表者　シェルフ・ヘルフリッヒ

ニュージーランド代表者　L・M・イシット

12　寝耳に水の軍政布告、重光抗議、マッカーサーに撤回させる

「降伏文書」の調印、息もつかぬ間に大きな難題に直面した。連合国軍は突如、調印の翌日九月三日に直接軍政の「布告文」を発するというもので、三通の「布告文」が、その夜、重光らに届けられた。

①「日本国の全領域及びその住民を連合国最高司令官の軍事管理の下に置き、帝国政府の打倒・立法・司法の一切の機能は、今後最高司令官の権力の下に行使されるべし。軍事管理期間中は英語をもって公用語とする」

②「降伏文書の条項、最高司令官の権限の下に発出された命令に対する違反者、敵対行為者、治安妨害者等を直接軍事裁判により処罰する」

③「米軍軍票B円を日本における法定通貨とする」

というものだった。これは、明らかに連合軍国が日本を統治することを意味していた。

日本政府には全く寝耳に水で、事前に何の連絡もなかったのだった。

「ポツダム宣言」の内容は、この間、外務省で検討済みであったが、同宣言や「降伏文書」にも連合国軍が直接軍政を敷くことを示すような条項は一つもなかった。のみならず、政府が崩壊したドイツに対する終戦の処理と異なり、日本政府は「ポツダム宣言」に盛り込まれた条項を受諾して戦争を終結させたのである。連合国側は、同宣言の基本的目的の達成を確保するために日本国の諸地点を占領するという建前が、同宣言自体に明言されていたのだった。いわば、連合国の日本占領は、国際法上の保障占領であり、敵国領土を全面的に占領して直接軍政を敷く軍事占領とは異なるものと、日本側は理解していた。したがって、「ポツダム宣言」を逸脱する事項は、いかに敗戦国といえども服従の義務はない、との考えが外務省員たちの脳裏にはあった。

重光外相は、軍政を阻止するため翌日早朝、マッカーサー最高司令官に面会を求め直談判し、「三布告」の中止を要請したのだった。このときの様子を記した重光外相の手記によれば、

「終戦は国民の意思を汲《く》んで、天皇直接の決裁に出たもので、ポツダム宣言の内容を

最も誠実に履行することが天皇の決意であって、その決意を直接実現するために、特に、皇族内閣を樹《た》てて総《す》べての準備をなさしめた。これがポツダム宣言を遂行するに最も忠実なる方法である。ポツダム宣言には、あきらかに日本政府の存在を前提とし、日本政府は代ふるに軍政をもってすることを予見していない。日本の場合はドイツの場合と異なるものである。連合軍が、もしポツダム宣言の実現を期し、且つこれをもって満足するにおいては、日本政府に拠って占領政策を実行することが最も賢明の策と考へられる。これに反して、占領軍が軍政を敷き、直接に行政実行の責任をとることは、ポツダム宣言以上のことを要求するもので、日本側の予期せざりしところなるのみならず、日本政府の誠実なる占領政策遂行の責任を解除し、ここに混乱の端緒をみることとなるやも知れぬ。その結果に対する責任は、日本側の負ふところではない。日本政府は、すでに一般命令第一号によって措置をとり、軍隊の解散もしくは武装の解除には全面的に着手しており、また、軍需に関する工場の運転は、一切これが停止を命じておる次第である」（『重光葵手記』伊藤隆ほか編、中央公論社）

とくに、天皇陛下の「ポツダム宣言」実行の「御決意」を力説し、また、平和的御意図については、満州事変前にさかのぼって、事を分けて説明したのだった。マッカーサーは、これを聴取し、即座に軍政の施行の中止を承諾し、その場で必要な措置をとることをサザラン参謀長に命じ、参謀長はその場で電話し、マッカーサーの命令伝達の措置をとった。

当時のトルーマン大統領の本意は「我々は勝利者であり、日本は、敗北者である。日本は、無条件降伏であり交渉の余地を与えられない事だと知らねばならない」というものだった。

ドイツのように、いったん軍政が布《し》かれれば、自主権を回復するのは容易ではない。これを考えると、軍政「三布告」の撤回に成功した、重光の命がけの覚悟の直談判は、日本を救った歴史上、忘れてはならない勇気ある英断であった。重光は「折衝の若《も》し成らざれば、死するとも我帰らじとて誓いて出《い》でぬ」と当時の心境を語った。命がけで米軍直接統治・軍政の危機から日本を救った歴史的な偉業だった。その結果、重光は「米軍に最も恐れられた男」といわれたのだった。

13　天皇の利用で日本支配を決定した連合軍

戦争のあと天皇をどう処置すべきか。一九四五年六月、米国政府は、ギャラップ社に世論調査を依頼した。その結果は、次のようなものであった（『聖断』「昭和天皇と鈴木貫太郎」半藤一利著）。

（1）殺せ、拷問し餓死させよ　三六％
（2）処罰または流刑にせよ　二四％
（3）裁判にかけて有罪なら処罰せよ　一〇％
（4）戦争犯罪人として裁け　七％
（5）傀儡《かいらい》として利用せよ　三％
（6）なにもするな　四％
（7）その他、不明　一六％

実に、七七％が天皇の処罰、または裁判を要求していたのだった。

この調査に示されているように、軍や国務省の幹部の多くは、天皇制の廃止を主張していた。米国の世論は激昂《げっこう》しており、とても天皇の地位の保障が許される状況ではなかった。それを象徴する軍事評論家ハンソン・ボールドウィンの新聞での主張は、「日本軍国主義の破催《はさい》はわれわれの根本目的であるから、この点については、いささかの妥協もできぬし、また、すべきでない。いかに耳ざわりのいい美名でよばれようとも、宥和《ゆうわ》は問題外である。日本の犯罪はドイツと甲乙ない」（『聖断』）の論調であった。

その状況で、天皇制の存続問題に大きな影響力をもったのは、グルー国務次官であった。グルーはトルーマン大統領に、天皇制の存続を進言していた。

「日本人は現在、天皇に対してほとんど狂信的な献身的愛着をもっているがゆえに、外側から天皇制を廃止しようとする試みは、日本人の現在の態度が続く限りは、おそらく効果がないだろう。日本国民の意志に反してただ単に天皇を廃位させるということは、日本人が、天皇制を信じ、それを護持すべきと決心しているかぎり、天皇制の廃止を達成することにはならないであろうし、また、法律によって有効に存在を抹殺するということも出来ないであろう。このような状況においては、もしも連合国が天皇制の復活を防止しようと欲するならば、日本を無期限に占領することが必要になるかもしれないのである」（『アジア・太平洋戦争』戦争の日本史23、吉田裕・森茂樹著、吉川弘文館）

これは、天皇制の取り扱いを、基本的には日本国民の意志にゆだねるという、対日宥和政策であった。

グルーは、日本の降伏は「軍事的無条件降伏」ではあるが、君主制をも否定する「無条件降伏」ではないことを表明すべきではないか、とトルーマン大統領に進言したのだった。トルーマンは、グルーの考えに理解を示したが、なお無条件降伏の見解を放棄する立場にはなかった。

「一九四五年五月末、グルー国務次官代理は私に、日本に対して降伏を勧める宣言を発するよう宣言してきた。この際、天皇を国家元首として残しておくことを許す旨《むね》つけ加えるほうがよいというのであった。グルーは駐日大使として滞日十年の経験があり、それから推《お》してこれを主張するのだという。そのとき、私はすでに、この点に考えをおいており、それは、健全な考え方であるように見えると語った。グルーは対日宣言の草案をもっており、それを通常の経路を通じて、統合幕僚長会議と国務省、陸軍・海軍では軍協調委員会に回付するよう訓令した」「対日宣言の発表は、来るべきポツダム会談のおりにやるべきであると決心した」（『トルーマン回顧録I』堀江芳孝訳、恒文社）

グルー国務次官は『大本営陸軍部10』によれば、日本の要請を考慮した人物といわれている。

「グルー次官は駐日大使として約十年滞日し、日本の皇族方や牧野伸顕公伯と親交があった。原子爆弾の爆撃目標として、現実的に奈良・京都がはずされており、これは牧野公伯のグルー大使に対する要請の一つが認められたものとみられた。したがって、もう一つの要請であった日本の皇室の保全についても、グルー次官の力が作用することを宮中・重臣は密かに期待していた。

一、七月二十六日、米ソ間の軍事会議で対日宣言を発表した。グルー国務次官（元駐日大使）は、激しい空爆に直面している日本政府は、我々が我々のねらいは日本民族の撃滅又は宮廷の転覆（天皇制）にはない事を宣言すれば、降伏を納得され得るだろうと信じていた。

二、七月二日の覚書に天皇制について「本官個人の考えでは、その声明を行うにあたっては、われわれは、現皇室のもとにおける立憲君主政体を排除するものではないことを附言するならば、警告受託の可能性を相当増すものと思われる」

（スティムソン陸軍長官の回想）

「日本人が天皇と君主制を保持することを許されるであろうと示唆した一節は、もしその宣言は今すぐ発出されたら重大な変化を起こすだろう、そこで、連合軍の日本爆撃の最高潮とソ連の対日参戦を待ったほうがよくはないだろうか」

「私は、対日警告には、天皇に触れないことを決めた」（バーンズ国務長官の回想）

14　降伏調印と敗戦処理の問題点はなにか

（1）日本の敗戦記念日はなぜないのか

この問題は、国家の時代区分、国際関係と深く関係する。通常、日本では天皇の玉音放送による終戦の詔勅表明による、「ポツダム宣言」受諾の国家意思が日本国民に明示された昭和二十（一九四五）年八月一五日正午をもって、第二次世界大戦終結の時期としてきた。そして、それ以前を戦前、それ以後を戦後として時代区分をおこなってきたのである。

しかし、戦争は国家間の争奪戦であり、交戦当事国の一方による「一方的な宣言」だけで、停戦協定の合意なしに戦争状態の終結とはならない。

この間の経緯を見れば八月一九日、関東軍はソ連に降伏。八月二二日にソ連と樺太の八十八師団の停戦協定。九月一日にソ連が全千島占領。このように、八月一五日正午現在、どの地域でも戦闘行為は継続中で、戦争はいかなる意味でも決して終わっていない。相手国との停戦成立における終戦の時期は、国際的にみても、八月一五日正午ではなく、

「降伏文書」の調印が完了した九月二日である。なぜこの日を記念しないのか。終戦に続く、占領を考えさせないためか。占領に続く対米隷従《れいじゅう》を、日本国民に知らせないためか。「降伏文書」に天皇が「ポツダム宣言」を受諾したことを国民に知らせたくないためか。天皇も政府もマッカーサー連合軍総司令官の支配下にあることを隠したいためか。

終戦記念日は一九四五年八月一五日と一般に言われているが、この日は「戦没者を追悼し平和を祈念する日」、戦没者の追悼日となっている。つまり、公的な「終戦記念日」の国家の規定はない。また、敗戦記念日はないのである。日本は、潔よく敗北を率直に認め、九月二日を敗戦記念日とすべきである。

Surrender の意味は「降伏する、降参する」である。内閣でも「降伏」の文字を嫌がって、なにか別の文字ができないかと言いだすものもいた。重光は、「サレンダーという英語を替えるわけにはゆかない。サレンダーはあくまでも「降伏」であり、単なる終戦ではない。この際は完全に対抗意識を捨て去り、完全に無条件に指示を受け入れ、「降伏」の実を示すことが、日本を将来に向かって生かす所以《ゆえん》であり、敗戦を完全に認識することをすべての前提条件とするとともに、国家としても個人としても、敗者は敗者としての気品を維持し、徒《いたず》らに責任を回避して敵の憐憫《れんびん》を誘い、卑屈の態度にでることは絶対に防がねばならぬ」（『重光葵手記』）と力説した。

（2）国体護持と無条件降伏

八月九日午前一〇時、最高戦争指導会議の席上、鈴木首相は「広島の原爆といいソ連の参戦といい、これ以上の戦争継続は不可能であると思います。「ポツダム宣言」を受諾し、戦争を終結させるほかはない」と表明したが、「ポツダム宣言」の受諾の条件をめぐって紛糾し、結論がでなかった。その運命をきめる御前会議が午後一〇時から深夜午前二時二〇分まで開かれた。この会議は、外務大臣提案「天皇の国法上の地位を確保するを含むとの了解の下にポツダム宣言案を受諾する案」（一カ条件案）の論議であった。原案を東郷茂徳外相が説明、米内光政海相が原案に同意の発言をした。

その後、阿南惟幾陸軍大臣が、原案に不同意を表明した。阿南は「天皇の国法上の地位確保の為には、自主的保障なくしては絶対に不可」とし、「国体維持の自主的保障たる軍備の維持、敵駐兵権の拒否を絶対必要とし、戦争犯罪者の処分は、国内問題として扱うべき旨」と、天皇大権の確保を含む四カ条件の必要を主張した。次いで、梅津美治郎総長、豊田副武軍令部総長が阿南の意見に同意の発言をした。三対三で意見は拮抗《きっこう》した。鈴木首相は、もはや一刻の猶予も許されないと判断し、天皇にご聖断を仰ぐ決断をした。天皇は「私は外務大臣の意見に同意である」と原案に賛成し、聖断を下したのだった。

一〇日午前六時すぎ、外務省は「天皇の国家統治の大権を変更するの要求を包含し居らざることの了解の下に「ポツダム宣言」を受諾する」旨の一連の受諾電報を関係駐在公使に打電し、また夕方八時すぎ、「ポツダム宣言」受諾を海外放送により発表した。

八月一二日、日本政府が「ポツダム宣言」受託の条件として示した「天皇の主権者としての大権を損するがごとき如何《いか》なる要求をも包含せずと了解す」に対して、米国のバーンズ国務長官の回答は「降伏後の日本国を統治すべき天皇及び日本政府の権限は連合国が降伏条件を効果的ならしめるに付き妥当と思考する措置を執る連合国最高指揮官に隷属すべきものなること」であった。

梅津参謀総長、豊田軍令部総長は連名で、この覚書第一項は、帝国の属国化に外ならず断じて受諾できないとし、さらに第二項の全陸軍の武装解除及び第四項の国民の自由意思に従う政体の樹立、第五項の日本国内における連合国軍の駐屯等いずれも絶対にできない。敵国の意図は名実ともに無条件降伏の要求であり、とりわけ、国体の根基たる天皇の尊厳を冒瀆《ぼうとく》しているとし、天皇に聖断を求めたのであった。

しかし、外務省は、「連合国最高司令官が天皇に代り統治権を行使するものではない、政体（統治権行使の方法）は国体（統治権の所在）に関するものでない、国民の自由意思による決定であれば、国体の変革をきたす虞《おそれ》は絶対にない」と解釈し、「ポツダム宣言」受諾の立場を示したのであった。

この問題に対して、米国務省内では、当初、「ポツダム宣言」は、日本国、日本国政府に対し、降伏条件を提示したものであって、受諾されれば、「国際法の一般規範により解釈される国際協定をなすもの」と理解していた。当初、「ポツダム宣言」の原案・第十二項には「もし将来、日本において、侵略的軍国主義の成長を不可能ならしめる平和政策を当該政府が真に決定したと、平和愛好国に確信せしめるに至るならば、現行の皇室の下で立憲君主制を含み得るものとす」と付加されていた。

そして、この宣言の条件は、日本が受諾するならば、国務省の政策、とくに無条件降伏の解釈と適用に関して変更が必要になることを認めていた。だが、天皇制の是認を含む対日宥和政策は国務省内部での議論の中で「天皇は日本の侵略の構成要素であり、天皇制の解決は革命だけである。その認識をもたないかぎり、合理的な対日政策はたてられない」という主張が取り入れられた。その結果、「ポツダム宣言」には、第十二項の条文は削除されて公表されたのだった。

その後、「われわれと日本との関係は契約的基礎の上に立っているのでなく無条件降伏を基礎とし、日本の管理は、日本の政府を通じて行なわれるが、これは、このような措置が満足な成果を挙げる限度内とする」連合国最高司令官の権限に関する通達で規定された。つまり、間接統治方式を否定する軍政志向で、連合国最高司令官の絶対的権限を保証した。事実、マッカーサーは「私は日本国民に対して事実上無制限の権力を持っていた」（『マッカーサー大戦回顧録』津島一夫訳、中央公論新社）と証したように、オールマイティーの支配者として君臨したのだった。

（3）マッカーサー詣《もう》でと戦争責任の転嫁

降伏、終戦の処理で、戦争犯罪人問題がもちあがると政界、財界など旧勢力の不安、動揺はその極に達し、とくに内閣において、東久邇宮稔彦王《なるひこおう》首相、近衛文磨国務相、緒方竹虎国務省、中島知久平商工相などは、八方手をつくして、その責任を免れんと焦慮するのみだった。

とくに近衛国務相は、米国新聞記者と会見し、戦争責任は専ら東条英機大将等の軍閥勢力にあって、自分らには平和に対して、最大の努力をなしなんら責任なきことをくり返した。さらにマッカーサーに密かに会うなど、その立場を擁護せしめる策動をした。

また、最高責任者だけでなく、財界も、実業界も、新聞界も果ては右翼陣営まで同様の有様だった。重光は、「戦争責任の問題は、指導階級、特に軍閥のみならず、過去において、その地位にありたるものは総《すべ》て、積極的にせよ、消極的にもせよ多少の責任を負担すべきこと」を強調していた。そして「いまはなにもかも更始一新《こうしいっしん》のときです。戦争に関係したものはみんな去るべきです。今後の日本は過去の国政に関係しなかった人にあたらせるべきだ」と、東久邇首相に進言していた。しかし東久邇首相は、その進言を受け入れなかった。

「わが戦争責任容疑者の態度は何《いず》れも醜悪である近衛公ごときは格別であるが、しかし、その他のものも或いは逮捕名簿を逃れる為に、マ司令部に密かに連絡をとって種々運動をなし、又は公然自己に責任のなきことを新聞、通信に発表し、更に、又、他に責任を転嫁し、進んで他を傷つくるが如き言動をなすものすらある。それが軍閥出身のものに最も多い。過去の指導者が自分の所信及び所為に対して責任をも取り得ないとすれば、現在の指導者も同様ではないか」

「戦争犯罪を廻りて互いに他を排斥し、自己の利益を計っている。上にたつ指導者、政治家は戦争責任に問われて敵の手に身に及ばんことを恐れ、戦争責任の転嫁に是《これ》汲《きゅう》々《きゅう》たる有様である」(『重光葵外交回想録』重光葵著、毎日新聞社)

八月一七日に成立した東久邇宮内閣は、一〇月五日に退陣した。この内閣は「降伏文書」の調印のための敗戦処理内閣であった。重光は、それ以上のことは望めなかったとし、『重光外交回想録』で東久邇宮首相と副総理近衛国務相の評価を次のように記している。

「第一首相の宮は政治を好む単純なる皇族軍人に過ぎない。多くの利用せんとする有名、無名の士を近づけ、無批判の地位に在って無批判に之《これ》を受け入れる。最も危険なことである。只《ただ》宮殿下を要するのは其の陸軍の地位を利用して軍部を押へ、其の皇族たる地位を利用して国民を率いる点にあった。即ち既定の事で普通臣民の実現し得ない難事を押し切る点である。然《しか》しそれ以上に積極的に政治を行ふには最も不適当な性格を有《も》って居るのである。

副総理近衛公に至っては既に定評がある。浅薄なる公卿《くぎょう》的政治家以上の何者でもない。体《てい》よく他を利用するに長ずると共に自己の地位となると人一倍神経質である。誰彼《だれかれ》となく親し味を感じ、交際に好感を有ち得る人であるから、其の家柄と共についい引き付けられる人柄である。近衛公は副総理として宮殿下を援ける地位に在って、小畑敏四郎中将等の閣員を推薦して何とか難局を切り抜け様と考えたに相違ないが、時局の洞察に明を欠《く》ると共に余りに身を救ふに急にして夫れが為《た》めに到底難局に対処して動じない信念を以《もっ》て進むことは出来ぬ」

このように重光は、東久邇宮と近衛公の政治姿勢に対して強い批判を記している。あわせて、とくに近衛公の開戦にいたらしめた戦争責任の回避やGHQに対する卑屈な態度を手厳しく述べている。

重光は「近衛公には一貫した政治哲学も、また之を実現する意志の力もなかった。ただ、翻弄《ほんろう》として時流を追ひ、人から持てはやされる事を政治と考えていた。識見によって終始するといふことは寸毛も見出されなかった。国際情勢を無視し軍閥に追随したのが、近衛、木戸侯爵などのグループであった」と厳しく批判し、中でも重光は「近衛こそ戦争責任を負わねばならない重要人物」と考えていた。

（4）天皇の署名なしの降伏文書の背景

九月二日の「降伏文書」は天皇の署名なしであった。「ポツダム宣言」を受諾した統治者代表の三人のトップに天皇が指名されており、また、敗戦後の日本の統治者に天皇と政府があげられている。

当初、重光は、天皇の責任は当然と考えていた。天皇の名において署名する案をもっていた。敗戦処理と軍部を抑えるために必要と考えた。だが軍部の「天皇大権の死守」のために、天皇に戦争責任はないと判断したのだった。

「ポツダム宣言」の受諾、連合国最高司令官の支配下に天皇と日本政府は置かれることになった。連合軍最高司令官に「隷属《れいぞく》」（軍部の訳）、外務省は、連合軍の支配を少しでも弱めたいために「制限の下に」と意訳し、「支配下」とせず、曖昧《あいまい》にしてしまった。天皇大権は葬られたのだが、連合国の中には、天皇を戦犯として扱うべきという声が強かった。ソ連と英国は、天皇を戦争犯罪者とした。連合国が「提出した最初の戦犯リストには天皇が筆頭に記されていた」（『マッカーサー大戦回顧録』津島一夫訳）。台湾の蔣介石《しょうかいせき》は国共内戦を念頭に、日本の共産化を阻止するために、皇室の存在を利用する立場であった。米政府当局は、「無条件降伏を手に入れたマッカーサーがあらゆる主権を行使できるなどというのは間違い。日本の円滑な占領統治を進めるために、天皇の「権威」、絶対的存在は欠かせない。むしろ天皇を利用すべき」という態度に考えを変えたのである。

マッカーサーは『大戦回顧録』「第六章・占領の課題」の中で、天皇を戦争責任者として裁判にかけて処刑すれば、各地でゲリラ戦となり、軍政を強行せざるをえない。連合軍の占領統治が困難になると振り返っている。

（5）問われなかった天皇の戦争責任

昭和天皇（以下、天皇）の戦争責任はなぜ問われなかったのか。

天皇は、戦争指導・開戦、作戦指導、終戦まで、「御言葉」「勅語」などを通じて深くかかわってきた。天皇は作戦について、大本営の統帥部の方針をうのみにしたのではない。とりわけ、天皇の発言は、作戦立案・その具体的内容に大きな影響を及ぼしてきた。

昭和十二（一九三七）年七月の盧溝橋《ろこうきょう》事件がおきて戦火は拡大し、海軍側の求めで、天皇は上海に陸軍の兵力の投入を決断したのであった。昭和十五（一九四〇）年蔣介石の国民政府を相手とせず「重慶まで行けぬか、行けぬとせばどうするか」、また南方問題についても「南方作戦計画はできたか」と、作戦の立案まで要求していた。「日中戦争は天皇が、戦術戦略的なレベルにまで降りていって指揮をした戦争だった」（『昭和史裁判』半藤一利・加藤陽子対談）と指摘されている。

天皇は軍事に素人で、主体的にかかわれなかったのではないか、戦争は軍部の独走で、戦争の実態を知らなかったのではないか、天皇はそれを抑えようとした平和主義者だったのでないか、天皇の戦争責任の回避のためさまざまな言説が説かれてきた。また、君主制では戦争責任はない、責任は政府がとる、という欧州などの例をあげ、天皇の戦争責任はないとする。

しかし、日本の君主制は欧州などと異なり（国民主権との両立）、明治憲法のもと絶対君主制で、天皇は大元帥であり、統治大権を有していた。「昭和天皇は、開戦を承認し、終戦を決断しており、政治的な決定において最終的な決定権者としてふるまい」天皇の戦争責任は当然といえる。

終戦処理の際、政府・軍部は、天皇の戦争責任はない、免罪の立場で一致していた。それは、天皇制・皇室を残すための策動であった。「降伏文書」を調印する際の署名人の選定が難航した、当時の重光葵《まもる》外相の考えに端的に示されている。重光は「日本において責任なきは陛下と国民なり、指導者はなんらかの責任をとるべき」の立場で、重光も天皇の戦争責任を否定する見解であった。東久邇首相及び近衛の連日にわたる、「東条・島田両大将の責任であり、東条軍閥こそ戦争責任者にして我等に責任なし」との表明に対して、日本の指導者は責任の転嫁をもくろんでいると連合国側は見透かしていた。

「ポツダム宣言」策定の際、天皇の問題について、連合国の内部では詳細に議論され、イギリスのアランブルック元帥は「アジア各地に散在している日本軍に対し、降伏命令を下すことのできるものは天皇のほかはいない。天皇の地位の保証をはっきり宣言に盛り込んだほうがいい」と主張したが、米国のマーシャル参謀総長は「戦闘が完全に停止されるまでは、天皇制度の問題にはふれないほうがよい」と述べ、そしてトルーマンは「天皇に関する文章は一字もいれないにしよう」と決断した。

その結果、連合国はポツダム宣言案の第十二項目をカットする、歴史的な決定をおこなったのであった。また、天皇制について含みを残すが、天皇大権は認めないことで一致したのだった。

15　高校『日本史』教科書には、「降伏文書」の史料の掲載なし

ここまでで明らかにしてきたように、高等学校地理歴史科用の教科書『日本史A・B』には、「降伏文書」の内容紹介と史料掲載は、一切ない。さらに驚くべきことは、この間（一九七〇年代から現在まで）、山川出版社や三省堂などの教科書の「さくいん」欄にも用語として、「降伏文書」は載っていない。「さくいん」欄に用語がないということは、知らなくてもよい、学ばなくてもよいことを意味している。「降伏文書」が、いかに無視、軽視されているかの証左である。

その中で、若干の変化がある。実教出版の検定済教科書『日本史B』（平成二五年三月二六日検定済）の「さくいん」欄の用語に【降伏文書の調印】と載っている。その記述は「降伏文書に調印」とあり、ミズーリ号上の写真と「降伏文書」に調印する日本側の写真もある。残念ながら「降伏文書」の本文記述の掲載はないが、「降伏文書」を学ぶ、調査探究する手がかりにはなる。

しかし、一九三ページの表で示したように二〇一四年度用高等学校教科書『日本史B』

の新課程の採択シェアは山川出版社が七七・四％を占め、シェアを増やしている。この点は、大きな問題を含んでいる。

以下、現在（二〇一四年度用）使用されている各教科書には、「さくいん」欄には用語として「降伏文書」は載っていない。内容紹介や史料掲載もされていないが、以下「降伏文書」についてふれた記述を紹介する。

『日本史B』（実教出版）

「日本は降伏文書に調印した。ポツダム宣言を受諾した日本は、主権を北海道・本州・四国・九州と付属の諸小島に限定された。東京に連合国軍最高司令官総司令部（GHQ）がおかれ天皇・日本政府の国家統治の権限は、これに従属させられたが、軍政はしかれず、GHQが日本政府に勧告・指令する間接統治方式がとられた。但し、沖縄・奄美・小笠原の各諸島はアメリカ軍の直接軍政下におかれ、千島列島はソ連に占領された」

『日本史B』（清水書院）

「ポツダム宣言を受諾した日本は、九月二日、降伏文書に調印した。連合国軍によって占領された統治には、東京におかれた連合国軍最高司令官総司令部（ＧＨＱ）がおかれ、日本政府に指示・勧告し、日本政府がそれを実行するという間接統治の方式がとられた。占領政策はアメリカ政府を通じ、最高司令官マッカーサーに伝えられ、占領軍のほとんどがアメリカ軍であり、実質的にはアメリカの主張が強く反映された」

『日本史Ｂ』（東京書籍）

「九月二日に東京湾上のアメリカ戦艦ミズリー号において、降伏文書の調印式が行われ、日本はポツダム宣言に示された降伏文書を正式に受諾し、日本の主権が及ぶ範囲は、本州・四国・九州・北海道と連合国が決めた諸小島に限定された。東京の日比谷に連合国軍最高司令官総司令部（ＧＨＱ）が置かれ、その指令のもとで政府が統治を行う間接統治方式による日本の占領が始まった。だが、千島列島はソ連軍に占領され、沖縄・奄美・小笠原諸島は、本土と切り離され、アメリカ軍の軍政下におかれたままであった」

『日本史A』（山川出版社）

「九月二日、日本政府と連合国代表がミズリー号上で、日本の降伏文書に署名し、日本人だけでも二五〇万人以上の死者・行方不明者を出した戦争は終わった」

各教科書とも史料の掲載は一切ない。特に山川出版社の教科書は、「降伏文書」に関する内容の記述が全くない。また、記述された教科書でも、「ポツダム宣言」第八項（領土の範囲）、統治形態の一部のみである（巻末【史料3】参照）。したがって、「降伏文書」の全体像を知ることはできないし、理解しにくい。「降伏文書」では「ポツダム宣言」の条項の「誠実な履行」が述べられているが、この国際的な約束がどう実現されてきているのか、今日も問われている。

「降伏文書」の内容で注目すべき点は、次の六点である。

（1）「ポツダム宣言」の受諾は天皇、政府、大本営の三者である。政府だけでない。

（2）日本側の署名者に天皇はいない。署名者は重光葵・外務大臣、梅津美治郎・大本営参謀総長。重光は天皇と政府を兼任した署名人になっている。

（3）連合国側は、連合国最高司令官マッカーサーと九カ国代表（米国、中華民国、英国、「ソヴィエト」、オーストラリア、カナダ、フランス、オランダ、ニュージーランド）が署名者となっている。連合国は四カ国と規定している。四カ国は、米国、中華民国、英国、ソヴィエトを指している。他の国はオブザーバー扱いといわれているが、その位置づけが不明確である。

（4）大本営日本国軍隊の無条件降伏の布告を明示している。

（5）「ポツダム宣言」の条項を誠実に履行することが強調されている。

（6）天皇および日本国政府の国家統治の権限は、「連合国最高司令官の制限の下に置かれる」とした。

「降伏文書」は、どうして教科書に全文が掲載されないのか。執筆関係者も事の重要性を認識していないのではないか。敗戦後日本の出発点であり、国際的な宣言・約束である。「カイロ宣言」、ヤルタ会談、「ポツダム宣言」の重要事項が集約されており、「ポツダム宣言の条項の誠実な履行」が強調されており、今日の領土問題に密接に関係している。「誠実な履行」の責任は、日本だけでなく連合国にもある。統治方式で、「制限の下に置かれる」は意訳とされ、議論があるが、それらが正しくおこなわれてきたかどうか、点検は不可避である。連合国を含む署名九カ国の連帯責任を問わなければならない。そのためには、どの国が署名したのか。各条項は何となにか。教科書にその内容が記述されることなしに、「降伏文書」を知り学ぶことができない。全国民が、この事実を知り、共通の認識をもつことが国際的にも大切である。

16　日本には公的な「終戦記念日」も「敗戦記念日」もない

「終戦」「敗戦」「降伏」の言葉の意味について、二つの辞典——①『広辞苑』（岩波書店）②『国語辞典』（三省堂）は、以下のように説明している。

「終戦」①戦争が終わること。
②（太平洋）戦争が終わること。いくさがすんだこと。
「敗戦」①戦いにやぶれること。負けいくさ。
②いくさや試合などに負けること。まけいくさ。

「降伏」①敗戦を認め敵に服従すること。降参すること。

②一国がほかの国に降参して従うこと。

八月一五日を「終戦の日」と呼ぶのは俗称にすぎない。前述したようにこの日は、一九八二（昭和五七）年八月一五日に、第二次世界大戦が終結したことを記念する日として、「戦歿者を追悼し平和を祈念する日」とすることを閣議決定し、例年、式典がおこなわれるようになった。いわゆる国民休日の公的な終戦記念日とは定めていない。

各国は「終戦記念日」をどう設定しているか。連合国はその名称を「対日戦勝記念日」と定めている。

①九月二日　米国・英国・フランス・カナダ・ソ連「対日戦勝記念日」（VJデー）

十二月七日　米国「真珠湾攻撃記念日」（二〇一一年大統領令で定める）

②九月三日　中国「抗日戦争勝利記念日」（一二月一三日、南京大虐殺犠牲者国家追悼日）

③五月九日　ロシア「大祖国戦争勝利日」（永久勝利記念日）

④八月一五日　韓国「光復節」（日本統治からの解放記念日）

北朝鮮「祖国解放記念日」

⑤一月二七日　国連決議「国際ホロコースト記念日」「アウシュビッツ強制収容所解放記念日」（二〇〇五年、第六十回国連総会で採択）

17「九月二日」を公的な「敗戦記念日」と定めるべきである

さて、日本は一体、いつを終戦、敗戦の日時にするのがよいのか。この問題は、時代区分と密接な関係がある。一般的に、天皇の玉音放送（「忍びがたきを忍び……」）によって「終戦の詔書」が読みあげられ、「ポツダム宣言」受諾の国家意思が日本国民に知らされた一九四五（昭和二十）年八月一五日正午をもって第二次世界大戦終結の日時としてきた。そして、それ以前を戦前、それ以後を戦後の出発点として時代区分をおこなってきたことは先に述べた。

しかし、この時代区分が果たして内外の情勢と整合するかどうか、である。たしかに、八月一五日が日本人に強い印象をもたらしたことは事実であり、当然といえよう。だが、戦争はもとより、主権国家同士の争奪であり、交戦当時国の一方による「一方的」宣言が、戦争状態の終結と決定できるかどうか。国際的に有効か、実際に即して検討する必要がある。

1　八月一五日正午現在、戦闘行為は継続中であり、戦争はいかなる意味でもまだ終わっていなかった。

「停戦の大命」が「第一線に到達し実行を挙げる」のに必要な時間は、四八時間が内地（筆者注、本州・北海道・四国・九州）、六日間が支那、満州、朝鮮、南方諸地域（ニューギニア、フィリピンは除外）、一二日間はニューギニア重要司令部。「見透困難」がニューギニア第一線とフィリピン島第一線とされていた。

2　関東軍がソ連軍に降伏したのは、八月一九日。

3　ソ連軍と樺太の第八十八師団との間の停戦協定の成立は、八月二二日。

千島列島がソ連軍に占領されたのは、九月一日。

このように、停戦状況の予測はさまざまで、終戦・敗戦の日時は、八月一五日正午ではなく、「降伏文書」に署名し、調印が完了した一九四五年九月二日午前九時八分である。

「降伏文書」で「一切の日本国軍隊及び日本国の支配下に在る一切の軍隊の連合国に対する無条件降伏」が布告され、また「一切の日本国軍隊及び日本国臣民に対し」て「敵対行為を直ちに終止すること」が「命」じられた。この国際合意文書は、交戦当時国の双方、すなわち、日本と連合国によって取り決められ、正式に署名・調印され、直ちに発効されたのである。そうした国際関係からみて、九月二日を、日本の「敗戦記念日」と公式に定めるべきである。

八月一五日午前一一時、政府（外務省）は「ポツダム宣言の条項受諾により四カ国政府に対し帝国政府開陳の件」を加瀬俊一駐スイス公使あてに打電した。

その口語訳は、以下のようなものである。

「帝国政府は、「ポツダム」宣言の若干の条項の実施の円滑を期するため切実な希望を存し、これを右宣言実施条項署名の際、またはその他の適当な機会に開陳させたいと思っているが、あるいはそうした機会がないかもしれぬと心配して、ここにこれを瑞西《スイス》国政府の斡旋により、米英支ソ四国政府に伝達しようと思う。

一、ポツダム宣言中の占領の目的がもっぱら「ポツダム」宣言に掲げられた基本的目的の達成を保障することであることを考え、四国側においては、帝国政府がまさにその条項を誠意をもって実行しようとするものであることを信頼し、帝国政府の責務遂行を容易円滑にさせ、なおかつ無用の紛糾を避けるように配慮してほしく、そのために

（1）連合国側の艦隊、または軍隊の、日本本土への進入については、日本側準備の関係もあり、あらかじめその予定を通報してほしいこと

（2）連合国が指定することになる日本国領域内の占領の地点は、その数を最少限度にとどめ、なおかつその選択に当っては例えば東京を除外すること、ならびに右当該地点〔＝東京以外の被占領地点〕に派駐される兵力も象徴的な程度に止めることを切実に考慮してほしい。

二、武装解除は、海外に在る三百万余の軍隊に関連があると共に、日本将兵の名誉に直接触れる最も困難機微な問題であることは言うまでもないことであり、この実施については帝国政府において最も苦慮している次第であるが、これの実効を期す最善の方法としては天皇陛下の御命令に基いて帝国軍みずからが実施し、連合国はその円滑な実施の結果、武器の引き渡しを受けるものと致したい。

大陸に在る帝国軍の武装解除に当っては、第一線より逐次後方に向けて段階的に実施することとしたい。

武装解除に関連し、海牙《ハーグ》陸戦法規の第三十五条を準用して軍人の名誉を重んじ、帯剣はこれを認めていただきたい。連合国側が武装解除された日本軍人を強制労役に使用するような意図を有していないものと了解する。海外において武装を解除された日本軍人をそのまま永く海外に駐留させることは彼我双方にとって面白くない種々の複雑困難な問題を生ずる心配があるので、連合国側において速やかにこれを日本内地に撤収させるために必要な船舶およびその輸送上の便宜を供給されることを切望する。

三、停戦に関しては、遠隔の地に在る部隊に天皇陛下の御命令を充分に徹底を期する必要があるので、停戦の実施期日については幾分の余裕を置いていただきたい。

四、太平洋の離島に在る帝国軍隊に対し、必要欠くべからざる程度の食糧医薬品を送付し、および、これら離島より本土に傷病兵を輸送するため、至急、連合国側において所要の措置を講ずるか、または我方に対し便宜を供与していただきたい」

(『大本営陸軍部10』)

この希望条項の追電に対し、米国のトルーマン大統領は次のように受けとめた。

「日本国が要求していることのうちの一部は、われわれとしてはもちろんやる。それは、屈服した敵を取り扱う博愛行為である。しかし、占領はその条項の駆け引きから始めるわけにはゆかない。われわれは勝利者であり、日本は敗北者であるのだ。彼らは「無条件降伏」、交渉に持ち込むものでないことを知らなければならない」

そしてトルーマンは訓令に基づき、バーンズ長官を通じ、次のような公式な返答をした。

「日本政府が降伏条項を実施することを必要とするような情報は、最高司令官が決定するたびに適時同司令官から連絡する。四カ国政府はポツダム宣言において、日本軍隊は故郷にもどって平和産業につくことを許すように述べている。この帰国は、最高司令官を経て手配され、日本軍が降伏先の連合軍指揮官によって武装解除されたのち、日本また他国の船舶が手にはいり次第おこなわれるものである」（『大本営陸軍部

10』第七章「終戦」)

「降伏文書」の性質について外務省見解(一九四五年九月一〇日)では、

1国内法における贈与の形式に類似、但しその形式内容は全く従来の国際約束と異なる。

2「降伏文書」は我方の一方的休戦の意思表示なり。

3従来の休戦協定と講和条約の中間的性質を有するものとみなす。

つまり、「降伏文書」は、従来の国際公約とは異なるがたしかに国際公約であり、それを否定することはできない。米国務省は「ポツダム宣言」に添い「この宣言は、日本国(第一項)および日本国政府(第十三項)に対し、降伏条件を提示したものであって、受諾されれば、国際法の一般規範により解釈される国際協定をなすものである」としている。米国は、この宣言を国際公約と認定している。

無条件降伏について「降伏文書」第二項、第四項で日本国軍隊と日本国の支配下にある軍隊のみに規定し、無条件降伏の布告、命令となっている。

(二)「わたくしどもは、ここに、日本帝国の大本営と、いずれの位置に置かれていようが、とにかく一切の日本国の軍隊と、日本国の支配下にある一切の軍隊の、連合国に対する無条件降伏を布告する」

(四)「わたくしどもは、ここに、日本帝国の大本営が、いずれの位置に置かれていようがとにかく一切の日本国の軍隊と、日本国の支配下にある一切の軍隊の、指揮官たちに対して、自分たち〔指揮官〕だけでなく、その支配下にある一切の軍隊は無条件に降伏せよという趣旨の命令を、ただちに発することを命じる」

このように、天皇と日本国政府は除外されている。一億総懺悔《ざんげ》の無条件降伏は、正確でなく、軍隊と天皇・政府は同一化されておらず、区別されている。

また、連合軍総司令官と天皇・政府の支配統治関係についての「降伏文書」第八項の規定は、次のようになっている。

「天皇及日本国政府の国家統治の権限は本降伏条項を実施する為適当と認むる措置を執る連合国最高司令官の制限の下（subject to）に置かるるものとす」（傍点、欧文筆者）

しかし、英文原文からの訳では次のようになる。

「天皇および日本国政府の、国家統治の機能は、この降伏の約定を実施するために適当であると思える措置を執ることになる連合国最高司令官の下に、隷属するもの（subject to）と定める」（同上）

外務省は「制限の下」という日本語を宛《あ》てたが、陸軍ではこの箇所「subject to」を「隷属《れいぞく》」と訳していた。「subject to」は研究社『新英和大辞典』（一九六〇年）では「服従させる、隷属させる」となっている。本来、「いいなりになる」という意味で「隷属」という訳が妥当であり、外務省の訳「制限ノ下」は天皇大権そのものを無傷のまま保全しながら、その大権の執行を（マッカーサーとの取引次第で）部分的に譲歩してもよいという基本態度を貫こうとしていた疑いがある。

つまり、「制限の下」という訳文は、最高司令官の絶対的権力下ではないことを少しでも印象づけるための意訳・歪曲訳とみるべきであろう。

第Ⅱ部　教科書検定・記述問題といくつかの課題

1　教科書検定基準の規制強化

第二次安倍内閣は、各学校で教育課程（カリキュラム）を編成する際の基準を定めた学習指導要領に詳細な「解説」をつけ、それが、「唯一、正しい」と説明している。そのねらいは、教育の内容の規制である。

その「解説」には法的拘束力はないが、その中身を指導要領に格上げして、「法的拘束力」をもたせる見解を打ちだしたのである。これは教科書の内容を細部にわたり規制する意図にほかならない。

その上に、教科書検定基準の改変で、「共通に記載すべき事柄」をあらかじめ指定し、教科書の内容に直接介入できるようにする。すなわち、政府が書かせたいことをすべて書くように強制したも同然で政府の検閲に他ならない。

文部科学省（以下、文科省）の高校教科用図書検定基準・各教科固有の条件の選択・扱いおよび構成・配列の指示（『高等学校教科書用図書検定基準（改正後全文）』文部科学省告示第2号―平成26年1月17日）において、つぎのように解説している。（(1)(5)(6)略）

(2) 近現代の歴史的事象のうち、通説的な見解がない数字などを記述する場合には、通説的な見解がないことが明示されているとともに、生徒が誤解するおそれのある表現がないこと。

(3) 閣議決定その他の方法により示された政府の統一的な見解又は最高裁判所の判例が存在する場合には、それらに基づいた記述がされていること。

(4) 近隣のアジア諸国との間の近現代の歴史的事象の扱いに国際理解と国際協調の見地から必要な配慮がされていること。

さらに、現在でも学説が分かれている場合、両論併記とさせている(例：南京事件)。

二〇一四年一月、文科省は「中学校学習指導要領解説」のうち社会編の一部と、「高等学校学習指導要領解説」のうち地理歴史編および公民編の一部について、異例の改訂をおこなった。とりわけ、領土関係について、以下のように特定の内容を指示したのである。

地理的分野・科目では、「竹島は日本国の固有の領土であるが、現在は韓国によって不法に占拠されているため、韓国に対して累次《るいじ》にわたり抗議を行っていること」、「尖閣《せんかく》諸島は日本国の固有の領土であり、また現に日本国がこれを有効に支配しており、解決すべき領有権の問題は存在していないこと」。

歴史的分野・科目では、「日本国が国際法上正当な根拠に基づき竹島、尖閣諸島を正式に領土に編入した経緯も取り上げること」。

公民的分野・科目では、「日本国には領土問題について、固有の領土である竹島に関し未解決の問題が残されていることや、現状に至る経緯、日本国が正当に主張している立場を踏まえ、日本国が平和的な手段による解決に向けて努力していること」。

尖閣諸島・魚釣島《うおつりしま》をめぐる領有権の争いに対して、「現状に至る経緯、日本国の正当な立場を踏まえ、尖閣諸島をめぐり解決すべき領有権の問題は存在していないこと」の見解を強制する指示をした。多様に異なる見解を認めず、無視するものである。これは、自民党の方針「日本の領土に関する記述を充実させるとともに、新しい教科書検定基準に基づく教科書検定を進めます」(二〇一四年一二月総選挙公約)の反映、先取りである。

他方、政府の意にそぐわない事柄については、少数の意見でも書けということである。たとえば、南京大虐殺について、「なかった」「人数は少ない」などとする説もあると書かせている。だが、東京裁判・南京軍事法廷での二十万人以上、三十万人以上の数についての記述の抹消を策している。さらに、南京大虐殺と関連した「百人斬り競争」では、その報道さえ記述させていない。最高裁判所の判決（その事実を認定）を尊重すると定めながら、実際は無視しているのである。

その上、アジアの近隣諸条項に対しては、侵略戦争の否定説を唱えたり、従軍慰安婦問題の見直しによる歴史の改竄《かいざん》の動きを強め、「河野談話」（巻末【史料8】参照）の事実上の空文化を押し進めている。

通説は、単に多数の者が主張しているだけでは、通説にならない。自分の考え方とはひとまず別にして、これが世間一般に妥当だと思われる内容だと認知されているものが、通説といわれている。したがって、通説イコール多数説ということにはならない。検定側の教科書調査官にとって都合の良い場合には通説とし、都合の悪い場合は通説としない。通説の定義はあいまいで、調査官の意向しだいで取捨選択できる。

二〇一三年度の検定は、出版労連・教科書対策部の「検定結果についての見解」の概要（抜粋）によれば、

①改訂された学習指導要領のもとでの二度目の小学校教科書への検定である。各発行者ともこの条件のもとでの一定の「慣れ」もあり、全体としては細かな検定意見が

多かったといえる。しかしながら、そのことは著者および発行者側が検定で争点になることを避けたということでもあり、それだけ自由な教科書づくりの幅が狭まっていることをも意味する。なお、小学校は全点合格となったが、高等学校で不合格が一点あった。

②頁数は、全教科とも現行版よりも増えた。そこには「ゆとり教育」路線時代に内容の精選と頁数の削減を執拗に教科書発行者に求めたことへの教育条理に基づく反省は微塵もない。

③主に社会科であるが、側注や写真のキャプション、図などに検定意見がつけられたケースが目立つ。小学校教科書ゆえの特性である可能性はもちろんあるが、原文の段階ですでに自己規制がすすんだ可能性もある。（後略）

このように検定によって、記述された教科書の内容に対して検定意見が影響を与えるようになっている。著者や発行者側に検定前の記述段階で自己規制を強いている。それにより文科省側の意向に沿った教科書づくりができるのである。文科省による検定は、事実上の政府権力による検閲制度にほかならない。

2 「ポツダム宣言」と「降伏文書」の記述

「ポツダム宣言」は一九四五年七月二六日、ベルリン郊外のポツダムにおいて、米・トルーマン大統領、英・チャーチル首相（途中でC・アトリー首相に代わる）、中華民国・蔣介《しょうかい》石《せき》総統の三国首脳の名で発せられた。とくに、日本に対する降伏勧告および戦後処理方針の宣言、軍国主義の除去、日本の領土の範囲、軍隊の武装解除、戦争犯罪人の処罰や日本の民主化など、そして連合国軍による占領を規定した。また、日本に降伏を勧告し、戦後の対日処理方針を表明した。

ソ連は一九四五年八月八日の対日参戦とともに、この宣言に加わり、四つの主要連合国の宣言となった。第I部でも述べたように宣言が出された当初、政府の鈴木貫太郎首相は「黙殺」（軍部は拒否）したものの、広島・長崎への原爆投下、そしてソビエトの対日参戦を経て、八月一〇日最高戦争指導会議で、「国体護持」という条件の下、天皇の「聖断」でポツダム宣言の受諾を決めたのだった。八月一四日に御前会議と閣議を経て、まず「ポツダム宣言」の受諾を再確認し、戦争終結する旨の決定をおこない、全閣僚が詔勅《しょうちょく》案に署名した。八月一五日に日本政府は、「ポツダム宣言」の受諾と希望三条件を付して連合国側に通告した。さらに、国民向けに一五日正午、天皇の玉音放送がなされた。以降、各軍の部隊に対する戦争終結の伝達と作戦停止などの敗戦処理がおこなわれた。

そして、日本は九月二日に東京湾の米艦ミズーリ号上で連合国による「ポツダム宣言」受諾の「降伏文書」に、署名・調印した。日本側代表は重光葵《まもる》（天皇と政府代理）と梅津美治郎（大本営参謀総長）と連合国側はマッカーサー（連合国総司令官）と九カ国の代表が署名した。敗戦後、七〇周年を迎え、「ポツダム宣言」や「カイロ宣言」の条項がどう履行《りこう》されてきたのか、日本だけでなく、当時の「降伏文書」に署名した連合国を含む九カ国にもその責任が、国際的に大きく問われている。

では高校の『日本史』教科書では、「ポツダム宣言」の記述はどうなっているのか。原文については、巻末に【史料3】として掲載しているので参照して欲しい。その中で注視しなければならないのは、山川出版社の教科書が、日本の領土の範囲を規定した「ポツダム宣言」第八項を全文カットしていることである。

「ポツダム宣言」第八項は、「カイロ宣言の条項は履行せらるべく又日本国の主権は本州、北海道、九州及四国並に吾等の決定する諸小島に局限せらるべし」と明記した。

これは敗戦後日本の領土範囲を確定した原典である。以前（一九八八年発行の頃）は、第八項は全文掲載されていたが、最近（二〇一二年発行）の山川出版社『詳説日本史B』では、全文カットされている。ただし、注釈で概要を説明しているが、第八項の「カイロ宣言の条項は履行せらるべく」について、注釈でも一切ふれていない。

「カイロ宣言」の条項とは「日本国が奪取し又は占領したる太平洋に於ける一切の島嶼を剥奪すること並に満州、台湾及澎湖島の如き日本国が清国人より盗取したる一切の地域を中華民国に返還すること」「日本国は又暴力及貪欲に依り日本国が略取したる他の一切の地域より駆逐せらるべし」と日本が侵略した他国の領土を返還することを「降伏文書」で再確認したものである。

一九四五年九月二日の「降伏文書」では、「ポツダム宣言」による「カイロ宣言」条項の「誠実な履行」が強調されている。だが、「カイロ宣言」の条項にある日本が〝盗取〟した諸島の中国への返還を掲載しないのは、これは日本の領土の範囲を正確に教えない、つまり「ポツダム宣言」の無視、隠蔽にほかならない。「降伏文書」の空文化である。

この間、ほとんどの学校の授業では、近現代で「カイロ宣言」・ヤルタ会談・「ポツダム宣言」、その集約ともいえる「降伏文書」の記述内容の全体を正確に教えていない。生徒は無知にさらされてきたのである。

山川出版社の教科書では、以前には史料として掲載していたが、数年前から削除するようになった。その理由は明らかではないが、敗戦後の日本の領土範囲の出発点である「ポツダム宣言」の各条項の原文は、全文掲載すべきである。

二〇一三年度の教科書採択占有率の中で、山川出版社『日本史B』は旧課程約七割、新課程九割九分を占めている。そのシェアは極めて大きい。それだけに「カイロ宣言」第八項のカットは黙過できない。現在、実教出版や清水書院の教科書では、第八項は全文を掲載している。

「カイロ宣言」の領土条項、「ポツダム宣言」の第八項（領土条項）の「誠実な履行」が盛り込まれた敗戦宣言の「降伏文書」は、国際社会に敗戦を公式に認めた日本の出発点であるはずであり、極めて重要である。

①「カイロ宣言」の条項（英・米・中首脳会談による三国宣言、一九四三年一一月カイロで署名、領土条項）

「三大同盟国は、日本国の侵略を制止し、なおかつこれを罰するため、今次の戦争を為《な》しつつある。この同盟国は自国のために何らの利得をも欲求するものではなく、また領土拡張の何らの念をも有するものではない。この同盟国の目的は、日本国から、一九一四年の第一次世界戦争も開始以後において日本国が奪取し、あるいは占領した、太平洋における一切の島嶼《とうしょ》を剥奪すること、ならびに満洲、台湾および澎湖《ほうこ》島のように日本国が清国人から盗取した一切の地域を、中華民国に返還することに在る。」

②「ポツダム宣言」の第八項（米・英・支三国宣言、一九四五年七月二六日ポツダムで署名）

「カイロ宣言の条項は履行され、また、又日本国の主権は本州、北海道、九州及び四国並に我等が決定する諸小島に局限される」

③「降伏文書」の調印（一九四五年九月二日、東京湾上にて署名）

「一九四五年七月二六日ポツダムにおいて発し、のちにソヴィエト社会主義共和国連邦が参加した宣言に記された諸条項を、日本国天皇、日本国政府、および日本帝国大本営の命令によって、なおかつ、これに代わって、受諾する」、「連合国に対する無条件降伏」、「ポツダム宣言の条項を誠実に履行すること」

さらに、一九五一年のサンフランシスコ平和条約に関し、高校教科書『日本史三訂版』

（一九九二年検定済、三省堂）では、次のように記述されている。

「平和条約は、日本に完全に主権を回復させること、日本は朝鮮の独立を承認し、台湾及び澎湖諸島、千島列島、南樺太の領土権および南洋諸島の統治権を放棄すること、奄美諸島、沖縄諸島、小笠原群島などアメリカを施政権者とする信託統治下におくことに同意すること。占領軍は条約の効力発生後九十日以内に撤退すること。ただし、二カ国もしくは多数国間の協定にもとづくが外国軍隊の駐留はさまたげないこと、などを規定している。（中略）この条約の会議に参加した四八カ国と日本によって調印された。ソ連、インド、ビルマは、条約内容に不満で調印しなかった。中国は会議に招請されなかった。米国は、南洋諸島（魚釣島・尖閣諸島など）を統治権に組み入れ、施政権者になった」

第二次世界大戦で、日本の植民地支配と侵略戦争によって最大の被害を受けたのは、米国ではなく、中国と韓国である。それにもかかわらずサンフランシスコ講和会議に出席していない。この間に、「降伏文書」に署名した全戦勝国（九カ国）や日本と対戦国との対話はなかった。この講和は、米国の対ソ世界戦略とりわけアジア支配・分断作戦に沿い、日本に対する戦勝国の中国、韓国は除外され、アジアと世界を分断した米国に有利な条約であった。

この「サンフランシスコ平和条約」による日本の領土の範囲は、冷戦時代の米国の対ソ戦略上から決定されたものであり、講和会議に中国は招請されず、同意していない。当時のソ連も調印していない。国連の承認もうけていない。この条約の成立過程には多くの問題を含んでいる。

敗戦後の日本の領土の範囲は、「カイロ宣言」、「ヤルタ秘密協定」、「ポツダム宣言」に由来している。そこに書かれた事実を正確に知らせることは歴史認識の大前提である。史実を隠蔽、抹殺すれば、正しい歴史認識をもつことはできない。

3 問われる「降伏文書」（一九四五年九月二日）の誠実な履行

一九四五年八月一五日正午の「……堪えがたきを耐え、忍びがたきを忍び……」という、玉音放送から「降伏文書」の署名（同年九月二日）までについて、文部省検定済教科書の高等学校地理歴史科用（二〇一二年度）『日本史』ではどう記述されているか。

『詳説日本史』（山川出版社）
「八月十五日正午、天皇のラジオ放送で戦争終結が全国民に発表された。九月二日、東京湾内のアメリカ軍艦ミズーリ号で日本政府および軍代表が降伏文書に署名して、四年にわたった太平洋戦争は終了した」

『日本史B』（実教出版）
「十五日、天皇のラジオで戦争終結を告げ、日本軍は無条件降伏した。九月二日、東京湾のアメリカ戦艦ミズーリ号上で、降伏文書の調印がおこなわれ、アジア太平洋戦争は終った」

『日本史』（実教出版）
「日本は降伏文書に調印した。ＧＨＱがおかれ、天皇・日本政府の国家統治の権限は、これに従属させられたが、軍政はしかれず、ＧＨＱが日本政府に勧告・指令する間接統治方式がとられた。但し、沖縄・奄美・小笠原の各諸島は、アメリカ軍の直接軍政下に置かれ、千島列島はソ連に占領された」

『日本史A』（東京書籍）

「九月二日に東京湾上のアメリカ戦艦ミズーリ号において、降伏文書の調印式が行われた。日本はポツダム宣言に示された降伏条件を正式に受諾し、日本の主権が及ぶ範囲は、本州・四国・九州・北海道と連合国が決めた諸小島に限定された。東京・日比谷にGHQが置かれ、その指定の下で、政府が統治を行う間接統治方式による日本の占領が始まった。だが、千島列島はソ連軍に占領され、沖縄・奄美・小笠原諸島は、本土と切り離され、アメリカ軍の軍政下におかれたままであった」

いずれも、教科書本文では、経過のみ書かれ、厚木到着のマッカーサーの写真や調印式の写真を載せているだけで、「降伏文書」の内容紹介の記述はない。さらに、史料としても「降伏文書」の本文の掲載も全くない。日本中のほとんどの中高生が「降伏文書」を見たこともないし、内容の説明を詳細に受けたこともない。日本の運命を決めた極めて重要な「降伏文書」は、学校教育では葬りさられてきたのである。

この「降伏文書」について、以下、三点に注目したい。

第一に、「ポツダム宣言」の条項の受諾者は、まず「日本国天皇」「日本国政府」そして「日本国大本営」の三者と記述されている。つまり連合国は、政府だけでなく、天皇、軍部も受諾の対象にしたのである。本来、政府だけでよいはずが、政府の降伏命令だけでは、力不足で実現できないと判断したものといわれている。もちろん天皇は大元帥であり、大本営・軍にも受諾させたのである。

第二に、署名人は、日本側は重光葵、梅津美治郎（大本営参謀総長）の二名である。署名者に天皇の名はない。天皇は「ポツダム宣言」の受諾者として名指しされており、当然、署名人の対象である。だが、重光葵は「大日本帝国天皇陛下及日本国政府の命に依り且其の名に於いて」、政府と天皇を代表して署名している。天皇はなぜ、署名者にならなかったのか。天皇の問題について連合国側で議論があり、連合国側が「天皇の地位を利用する」ねらいから配慮があったとされている。

連合国側の署名者は、九カ国代表十名である。連合国総司令官マッカーサーを筆頭に、米国・中華民国・英国・ソヴィエト・オーストラリア・カナダ・フランス・オランダ・

ニュージーランドの代表で構成されている。

第三は、日本軍の無条件武装解除の受諾はもちろん、冒頭に、「ポツダム宣言」の条項の受諾を確認し、さらに「ポツダム宣言の条項を誠実に履行すること」が、繰り返し記述されている。この間、「ポツダム宣言」の第八項にある「カイロ宣言」の誠実な履行はなされているのか。また日本の領土の範囲は誠実に履行されてきたのか。

日本政府は、一九七二年の日中共同声明で、「台湾を中国の領土不可分の一部である」と明確に約束した。他方、米国はこの間、対ソ戦略上から「台湾地位未定論」を打ちだし、「ポツダム宣言」は必ずしも遵守していない側面もある。それに追随する政治勢力が、まだ日本にもある。「降伏文書」で確認されている「ポツダム宣言」の各条項の誠実な履行は日本だけでなく、米国をはじめ連合国側が履行すべく、その責任が今日も大きく問われている。

4　検定済教科書の「カイロ宣言」、ヤルタ会談の記述について

一九四三年一一月、エジプトのカイロで米国・ルーズベルト大統領、中国・蔣介石大元

帥、英国・チャーチル首相の三首脳会談がおこなわれた。第一次世界大戦後、日本が「奪取・占領した太平洋の一切の島嶼《とうしょ》」「盗取したる一切の地域」である太平洋諸島の没収、満州・台湾・澎湖島《ぼうことう》などを中国へ返還すること、朝鮮の独立、日本の無条件降伏など対日処理方針を決定し、後の「ポツダム宣言」に取り入れられた。

「ポツダム宣言」の骨子が「カイロ宣言」にあることは、いうまでもない。「ポツダム宣言」第八項には「カイロ宣言」は履行しなければならないと書かれている。九月二日の「降伏文書」でも「ポツダム宣言の条項を誠実に履行すること」が繰り返し強調され書かれている。「カイロ宣言」には、日本の無条件降伏、降伏後、連合国による日本の領土範囲の決定などの重要事項が含まれていた。

以下、文部省検定済の各教科書の記述である。清水書院、三省堂、実教出版、山川出版社などの掲載内容を紹介する。

『世界史A』（清水書院、一九六六年）

「一九四三年には、ルーズベルト・チャーチル・蔣介石がカイロで対日平和条約についてのカイロ宣言を定めた」

「さらに、アメリカ・イギリス・ソ連邦の首脳は一九四三年にはイランのテヘランで、ドイツを無条件降伏させる作戦を定め、一九四五年には、クリミヤ半島のヤルタでドイツの処理について協定し、ソ連邦の対日参戦の条件を定めた」（テヘラン会談の写真掲載）。

「一九四五年七月にはベルリン郊外のポツダムで、アメリカ・イギリス・ソ連邦の代表が会合して対日処理の問題などを定め、アメリカ・イギリスは中国の同意を得て、同月二六日ポツダム宣言を発表した」

「それは、日本軍を武装解除し、軍国主義を一掃して民主主義を助成し、日本の領土を本州・九州・四国・北海道およびその付近の島々に限ることなどを定めたものである」

―研究問題―

「世界歴史事典などによって、ポツダム宣言の内容を明らかにし、それが日本にどのように反映したかを調べよ」

『日本史三訂版』（三省堂、一九九二年）

「一九四三年十一月アメリカ・イギリス・中国の首脳はカイロで会談を行い、日本が無条件降伏するまで戦う決意を表明した（カイロ宣言）」

　注釈「カイロ宣言は、一九一四年以来、日本が得た太平洋上の島嶼（とうしょ）の領有を否認し、満州・台湾・澎湖諸島を中国に返還し、朝鮮を独立させるなどの領土条項を含んでいた」

「これよりさき一九四五年二月、アメリカ・イギリス・ソビエトの首脳はクリミヤ半島のヤルタで会談し、ドイツと日本に対する戦後の処置をとりきめた」

　注釈「このときアメリカはソビエトに対日参戦を求めた。ソビエトは日本と日ソ中立条約を結んでいたが、秘密協定において、千島・樺太をソ連領とすることをアメリカ側に承認させた上で、ドイツの降伏後三ヶ月以内に参戦することを約束した」

「七月には、ベルリン郊外のポツダムで首脳会談が開かれ、七月二六日に、日本にたいするアメリカ・イギリス・中国の三国共同宣言（ポツダム宣言）が発表された」

「ポツダム宣言は、連合国側の基本方針が日本から軍国主義の権力・勢力をとりのぞき、日本に民主主義・平和主義を確立することをあきらかにし、戦争終結の条件を示して日本の降伏を要求した」

注釈「ポツダム会談では、アメリカ・イギリス・ソビエト三国が宣言についての協議をおこなったが、中国の同意をえて、まず、アメリカ・イギリス・中国三国の名で発表し、ソビエトは対日参戦後に宣言に署名することにした」（ポツダム宣言（抄）の内容原文を一部掲載。だが、領土条項を含む第七、第八項は削除されている。）

『日本史B』（実教出版、二〇一二年）

注釈「アメリカ大統領ローズベルト、イギリス首相チャーチル、中国主席蔣介石は、一九四三年十一月、カイロで会談し、太平洋諸島の剝奪、満州・台湾の中国への返還、朝鮮の独立などの目的のため、日本の無条件降伏まで一致してたたかうことを共同宣言した（カイロ宣言）」

「一九四五年二月のヤルタ会談で、ソ連はアメリカ・イギリスに対日参戦を約束していた」

注釈「ローズベルト、チャーチル、ソ連首相スターリンが、ソ連のクリミヤ半島ヤルタで会談した。ローズベルトは、ソ連の対日参戦を要請し、スターリンは南樺太・千島のソ連領有などを条件に、ドイツ降伏の二～三ヶ月後の参戦を応諾し、これを秘密協定とした」

「七月、三国の首脳は対日戦争の終結および戦争処理方針を決定し、中国の同意をえて、ポツダム宣言として発表した」

注釈「トルーマン大統領・チャーチル（のちにアトリー）・スターリンがベルリン郊外のポツダムで会談した。宣言はアメリカ・イギリス・中国（蔣介石）の名で発表され、ソ連は対日参戦後に参加した」（筆者注、「ポツダム宣言」の原文を一部掲載。その中で、領土条項第八項をカットせず載せている、数少ない教科書である）

『日本史B』（山川出版社、二〇一二年）

注釈「一九四三年（昭和一八年）に、アメリカ大統領フランクリン＝ローズベルト・イギリス首相チャーチル・中国政府主席蔣介石がエジプトのカイロで会談し、連合国が日本の無条件降伏まで徹底的に戦うことのほか、満州・台湾・澎湖諸島の中国返還、朝鮮の独立、日本の委任統治領である南洋諸島のはく奪など、日本領土の処分方針を決めた（カイロ宣言）」

一九四五年二月、ソ連・スターリン書記長、米国・ルーズベルト大統領、英国・チャーチル首相の三指導者はクリミア半島のヤルタで会談をおこなった。米国はドイツの降伏後、ソ連の対日参戦の条件として、「樺太の南部」と「隣接する一切の島嶼」をソ連に明け渡す約束をした。米国は、ソ連の対日参戦の見返りに領土の取引をする秘密協定を結んだ。日本敗戦直後の同年八月一八日、米国のトルーマン大統領は「全千島をソ連軍極東総司令官に明け渡す領域に含む」ことに同意したのであった。

その後、米国は日本がソ連との関係改善に向うのを警戒し、対ソ戦略上、日本が国後・択捉（南千島）の領有を主張するように誘導してきた。しかし、米国は、ソ連が国後・択捉を返還しないのはけしからん、と抗議したことは一度もない。米国は、ソ連に対して「ヤルタ秘密協定を破棄・無効とする」立場はとらない。スターリンとルーズベルトの約束、「ヤルタ秘密協定」は今日も生きているのである。

次に、「ポツダム宣言」の受諾問題については、どう記述されているか。

『日本史三訂版』（三省堂、一九九二年）

「ポツダム宣言が発表されると、鈴木首相は国体が変革するおそれがあるとして、これを黙殺する態度をとった。連合国側は日本が宣言を拒否したものと認め、アメリカは一九四五年八月六日、世界最初の原子爆弾を広島に投下し、ついで九日長崎にも投下した。また、ソビエトも八日、日本に宣戦を布告して、満州・朝鮮・樺太に侵入した」

『詳説日本史』（山川出版社、二〇一二年）
「ポツダム宣言に対して、「黙殺する」と評した日本政府の対応を拒絶と理解したアメリカは、人類史上はじめて製造した二発の原子爆弾を八月六日広島に、八月九日長崎に投下した。また、八月八日には、ソ連が日ソ中立条約を無視して日本に宣戦布告し、満州・朝鮮に一挙に侵入した」

『日本史新訂版』（実教出版、二〇一二年）
「日本がポツダム宣言を黙殺する態度をとると、八月六日、アメリカは完成したばかりの原子爆弾を広島に投下し、いっきょに一〇数万人が犠牲になった。軍部はなおも抗戦を主張したが、ソ連が日ソ中立条約の破棄と日本への宣戦を布告して、九日、満州・朝鮮・樺太ついで千島に侵攻し、また同日に長崎にも原爆が投下されるに及んで、政府は八月一四日、昭和天皇の裁断によりポツダム宣言を受諾した」

連合国の目的は、台湾とか満州とか澎湖島などは、日清戦争の後、「下関条約」(一八九五年四月)で日本が中国から分捕ったもので、当時の中華民国に当然、返還させることにあった。

「カイロ宣言」に「台湾、澎湖島のように日本国が中国から盗んだ地域は中華民国に返還すること」と書いてあるが、「中華人民共和国に返せ」と書いてはないではないか、という人がいる。まだ当時、中華人民共和国が誕生していなかった。その後、革命によって中華人民共和国が成立(一九四九年一〇月)したのだから、返還先として認めるのは当然である。そのことは、国際的になんの問題もない。

日本は、「サンフランシスコ平和条約」(一九五一年九月八日)にあるように台湾、澎湖島に関するすべての権利、権限、請求権を放棄して中華民国に返還し、さらに連合国側も「カイロ宣言」をきちんと履行し、戦後の早い時期に中華民国に返還していれば、今日のような領有権をめぐる争いはおきず、問題にもならなかったのである。

5 「サンフランシスコ平和条約」について

第二次世界大戦後、対日講和会議は一九五一年九月四日から八日まで、アメリカのサンフランシスコで開かれ、講和条約は同八日に調印された。この条約が「サンフランシスコ平和条約」で同時に「日米安全保障条約」（以下、安保条約と略す）も結ばれた。

この「サンフランシスコ平和条約」では、①日本の領土の範囲、②外国軍隊の日本駐留、③極東国際軍事裁判（東京裁判）の受入れ、④賠償請求権を原則として求めないこと、などが確認された。

この条約は一九五二年四月二八日に発効した。この日は条約の発効により、日本は終戦後約七年にも及んだ連合国の占領に終止符が打たれ、独立を回復した、まことに喜ばしい日であった。だが、実際には国民全体が喜ぶという日にならなかった。全国的な祝賀行事は何一つおこなわれなかった。

しかし、この講和会議には、中華人民共和国はアメリカの反対で招請されず、南北朝鮮のいずれの政権も招かれず、ベトナム民主共和国も招請されなかった。また、招待されたインドとビルマ（現在ミャンマー）は「米軍の日本駐留は極東の紛争のもとになる」として、ユーゴスラビアとともに欠席した。さらに、ソ連、チェコスロバキア、ポーランドは、「講和条約は新しい戦争をつくりだす」として、調印を拒否した。

とりわけ、日本の侵略によって最大の犠牲を受けた中国・朝鮮の除外は、「真の平和条約」の資格を失わせるもので、アジア諸国に対する日本の戦争責任を棚上げした「平和条約」であった。

そのほか、ソ連などの社会主義圏の国が参加しない、アメリカ側に同調する国々とだけ結ばれた「片面講和」で、アジアにおけるアメリカの分断支配のもととなった。条約の調印をめぐり、「片面講和」か「全面講和」で国論を二分したが、第三次吉田茂内閣は、「片面講和」に踏み切ったためにすべての交戦国と友好関係を結ぶ「全面講和」とはならなかった。

この平和条約で、第二条の領土問題と第六条の外国軍隊の駐留を認めたこと（米軍の占領支配の継続）は、今日も大きな問題を残している。

このような「サンフランシスコ平和条約」に関する検定意見と史料掲載はどうか。史料掲載・記述はどうなっているか、以下にみてみる。

二〇一一年度検定『地理A』（東京書籍）

▼申請図書

「北方領土の変遷　一九五一年に調印されたサンフランシスコ平和条約で、日本は北緯五〇度以南の樺太と千島列島を放棄した。その後、ソ連時代も含めて、日本とロシアの間で平和条約が結ばれていないため、両国の国境は未だ確定されていない。日本の地図において、図④のように、「国境線」が二本引かれ、陸地部分を白く表現するのは、このためである」（傍線原文、以下同）

▼検定意見

「説明は理解し難い表現である」

▼修正後［修正部分は傍線］

「北方領土と周辺地域の歴史、歯舞群島、色丹島、国後島、択捉島からなる北方領土は日本の固有の領土であるが、現在、ロシアによって占拠されており、日本は返還を求めている。北緯五〇度以南の樺太と千島列島は、一九五一年に調印されたサンフランシスコ平和条約で、日本が放棄し、現在、帰属未定の地域である。図④のように、「国境線」が引かれ、陸地部分を白く表現するのは、このためである」

この点、『詳説日本史B』（山川出版社、二〇一二年）の記述内容では、第二項（日本の領土）は、除外され、載せていない。そのかわり本文で、「領土についてきびしい制限を加え、朝鮮の独立、台湾・南樺太・千島列島などの放棄が定められ、沖縄・小笠原諸島はアメリカの施政権下におかれた」とし、注釈「南西諸島・小笠原諸島は、アメリカの信託統治が予定されていたが、アメリカは国際連合に提起せずに施政権下においた」と補足説明している。アメリカは、ポツダム宣言の「連合国」に諮らず、単独で決定したことを指摘している。

史料の掲載では、『詳説日本史B』（山川出版社、二〇一二年）が「サンフランシスコ平和条約」と「安保条約」の両方を掲載している。他社は、安保条約のみの掲載となっている。本文では若干、説明している。

①「サンフランシスコ平和条約」と「安保条約」の史料掲載の教科書
『標準日本史再訂版』（山川出版社、一九八一年）
『詳説日本史B』（山川出版社、二〇〇五年）

②「安保条約」のみ掲載の教科書（「サンフランシスコ平和条約」は掲載せず）
『日本史B新訂版』（実教出版、二〇一二年）、『日本史三訂版』（三省堂、一九九二年）、

『日本史B改訂版』（清水書院、一九九八年）、『新編日本史』（原書房、一九八八年）

だが、どの教科書も「サンフランシスコ平和条約」の締結の際、日本政府が北方領土に関する請求権を放棄したことには一切ふれていない。その内容は、現在も無視できないもので、政府答弁を紹介する。

一九五一（昭和二六）年一〇月一九日、「サンフランシスコ平和条約」承認前の衆院本会議の田中萬逸（日米安全保障条約特別委員長）は、「遺憾ながら、条約第二条によって明らかに、千島、樺太の主権を放棄した以上、これらに対して、なんの権限もないわけであって、国際司法裁判所に提起する道は存しておらない。また、クリル・アイランドの範囲は、いわゆる北千島、南千島を含むものである」（『日本の国境問題』孫崎享著　ちくま新書）と説明したのだった。

つまり、日本政府は、「サンフランシスコ平和条約」の署名の際、千島、樺太に関するすべての権利、権限及び請求権を放棄したために、国後・択捉の返還を主張する立場を失ってしまったのである。したがって今日、「ヤルタ秘密協定」は死文化していないのである。

6　領土問題に関して

二〇一三年度に実施された、二〇一五年度使用の小学校教科書および高等学校教科書の検定結果が、一部公開された際の領土問題に関する検定意見の内容をみてみる。

(1) 政府の見解を書き込ませる検定意見

①領土問題（尖閣諸島・魚釣島、竹島、北方領土）では、中学校・高校用社会科教科書での検定基準の変更を先取りしたかのような検定意見がつけられた。

「現行本（二〇〇九年度検定）では十七点中一点のみだった尖閣諸島に関する記述（地図中の表記を除く）が、今回は学習指導要領が変更されたわけではないにもかかわらず十四点中七点に増え、全社ともいずれかの学年で尖閣諸島についての記述が掲載された。竹島（独島）、北方領土についても同様に記述が増えた」（『教科書レポート二〇一四年度版』）。

これは、この間の政治状況を反映したものであり、政府の意図が露骨に示されたものである。

とりわけ、尖閣諸島・魚釣島に関し、二〇一三年度検定（二〇一四年一月）では、「日本の領土である尖閣諸島に対して、中国が領有を主張しており、政府は、その解決に向けて努力を続けています」という申請図書に対して、「日本の領土である尖閣諸島に対して、中国が領有を主張しています」と修正させたのである。

この修正は日中間には「領土問題は存在しない」との政府の立場を書かせたものである。一九七二年の日中共同声明の第三項の「ポツダム宣言第八項の堅持」の無視であり、以降の「領土棚上げ」確認をも一方的に踏みにじり、近隣諸国条項も損ね、現実に「領有権」をめぐって争っているのに、係争地としてさえ記述させないことは、歴史の事実を歪曲する恣意的見解である。結果的にナショナリズムを煽り、日中間の対立を深め領土問題の争いを解決することを困難にさせている。

②自衛隊については、自衛隊が、被災した地域の支援組織の一つとして登場した。検定意見は自衛隊の出動を要請するのが「都道府県」となっていたのを「国」と訂正させるものであった。災害救助は自衛隊の本来任務ではない。子どもたちを自衛隊に

慣らすことにつながるこのような記述が、検定以前の段階で現れたことは問題である。

今日、高校教科書「地理」「現代社会」「日本史」の近現代で、領土問題はどう書かれているのか。改めて読んでみる必要がある。学校教育の教科書は、日本人が最初に認識する歴史認識の基礎、出発点だからである。だが受験勉強が終われば忘れてしまう。学校を卒業すれば必要でなくなる。

大多数の人にとって教科書は、教室の中での存在で、離れればお払いものになってしまう。そこで、自分たちが学生時代に使った教科書や、子どもが使っている教科書が手もとにあれば、もう一度読んでみる価値がある。そこに、事実がどう書かれているか。知る絶好の機会となるにちがいない。敗戦後の教室の授業で日本の領土の範囲について、正確に教わった人は、ごく少数であろう。

日本国民にとって、領土の扱いは極めて重要である。日本政府は尖閣諸島・魚釣島（釣魚島）であれ、北方領土であれ、竹島（独島）であれ、「日本固有の領土である」と主張している。他方、中国、ロシア、韓国は異なった見解をもち「自国の領土」と主張している。

だが、私たちは尖閣諸島・魚釣島について中国がどう主張しているか、北方領土についてロシアがどう主張しているか、竹島（独島）について韓国がどう主張しているのか、その根拠を知らなければならない。歴史的な経過や事実を検証せず、勝手に断定することはできない。

第二次世界大戦の敗戦後、日本の領土の範囲は「ポツダム宣言」が出発点で、その後は、アメリカの関与による「サンフランシスコ平和条約」にあり、アメリカの大きな影響を受けてきている。

紛争解決には国際司法裁判所に判断を委ねる手段があるが、最終的には、当事国（中国・韓国・ロシア）との外交交渉による解決しかない。それは、国際社会の常識である。

領土問題を中心に、いくつかのテーマについて、高等学校の社会科教科書にどう書かれているのか。その歴史的な事実を知り、正確に認識する必要がある。最近の文部科学省の検定問題では、なにが問題とされているのか。検定意見を検証しながら、検定済教科書の実際の記述内容を紹介する。

二〇一一年度検定『地理A』（第一学習社）

▼申請図書

「日本の排他的経済水域　韓国とは竹島（島根県）帰属問題があり、また、中国は尖閣諸島の領有を主張しているため、これらの島の周辺海域は暫定水域となっている」

（傍線原文、以下同）

▼検定意見

「説明は理解し難い表現である。」

▼修正後（修正部分は傍線・以下同）

「日本の領土と排他的経済水域　日本はロシアとの間に北方領土問題を、韓国との間に竹島（島根県）の領有権問題を抱えている。また、尖閣諸島（沖縄県）は中国や台湾当局が領有権を主張している」

二〇一一年度検定『世界史B』（実教出版）

▼申請図書

「しかし、東シナ海のガス田の開発問題や経済水域問題、尖閣列島の領有問題などの懸案も存在している」
▼検定意見
「日本と中国の間に尖閣諸島をめぐって「領有問題」が存在すかのように誤解するおそれのある表現である」
▼修正後
「しかし、東シナ海のガス田の開発問題や経済水域問題、日本固有の領土の尖閣列島にかかわる問題など懸案も存在している」

二〇一一年度検定『現代社会』（山川出版社）
▼申請図書
「たとえば、尖閣諸島の領有権問題などをめぐる対立を抱え、時に双方の民族的な傾向を刺激することのある日本との関係においても、経済的な相互依存関係は後戻りのできないものになっている」
▼検定意見
「日本の領土について、誤解するおそれのある表現である」

▼修正後

「たとえば、日本の領土である尖閣諸島に対する中国側からの領有権問題の主張や、時にあらわれる民族的主義な傾向からくる日・中間の対立はあるものの、中国と日本の関係においては、経済的な相互依存関係が後戻りのできないものになっている」

二〇一一年度検定『現代社会』（数研出版）

▼申請図書

「なお、ほかにも、韓国が竹島の領有を主張し、さらに中国・台湾が尖閣諸島の領有を求めるという問題も起こっている」

▼検定意見

「領土問題について、誤解するおそれのある表現である」

▼修正後

「なお、日本の領土をめぐっては、ほかにも、韓国が竹島（島根県）の領有を主張するという問題がある。また中国政府・台湾当局が尖閣諸島（沖縄県）の領有を求めるという問題も起こっている」

二〇一一年度検定『現代社会』（帝国書院）

▼申請図書

「現代の日本から決して消えたわけではない。北方領土問題に関しては、日本側とロシア側の主張は平行線をたどり、平和条約も締結されないままになっている。韓国との間には竹島に関して、領有の主張に衝突があり、また尖閣諸島をめぐっては、中国が領有権を主張して、しばしば外交関係に危機をもたらしている」

▼検定意見

「竹島、尖閣諸島がわが国の領土であることが、理解し難い表現である」

▼修正後

「現代の日本から消えたわけではない。北方領土問題に関しては、日本側とロシア側の主張は平行線をたどり、平和条約も締結されていない。韓国との間には竹島に関して、領有の主張に衝突がある。また尖閣諸島をめぐっては、中国が領有権を主張している。これら日本の領土をめぐる問題は、しばしば外交関係に危機をもたらしている」

二〇一一年度検定『現代社会』（第一学習社）

▼申請図書

「尖閣諸島（沖縄県）付近の海底に、石油、天然ガス資源が埋蔵されていると推定されるため、一九七〇年代になって中国や台湾が領有を主張するようになった」

▼検定意見

「尖閣諸島に関して、「中国や台湾が領有を主張するようなった」とするのは、説明不足であり、理解し難い表現である」

▼修正後

「尖閣諸島（沖縄県）付近の海底に、石油、天然ガス資源が埋蔵されていると推定されるため、一九七〇年代になって中国や台湾当局が領有を主張するようになった」

二〇一二年度検定『日本史B』（清水書院）

▼申請図書

「日本固有の領土である竹島・尖閣諸島についても、韓国は竹島の領有を主張しており、中国は尖閣諸島の領有を主張し、東シナ海における資源開発などについても問題が発生している」

▼検定意見

「我が国の領土問題について誤解するおそれのある表現である」

▼修正後

「北方領土問題のほかにも領土をめぐる外交課題がある。韓国とは島根県の竹島をめぐって領土問題がある。中国は沖縄県の尖閣諸島について領有権を主張している」

検定意見の特徴は、「誤解あるおそれのある表現」とか、「わが国の領土であることが理解し難い表現」と画一的に述べている。そして、政府見解に沿ったものに統一するため、必ず、「我が国の領土である」の一文を加え、書き換えさせることを重点にしている。尖閣諸島（魚釣島）については、併せて「中国も領有権を主張している」と書かせている。当然、中国も領有権を主張していると書かせているのだから、尖閣諸島は「係争地」と記述すべきであるが、領有権問題を否定するため「係争地」とは書かせていない。

二〇一五年四月、文部科学省が公表した次年度試用の中学校社会科教科書の検定では、領土問題について日本の立場・政府見解のみ記述させ、相手国（韓国や中国）の主張・見解について併記させていない。多面的な素材を与え、考え、議論する機会を失い、領土を正しく理解させることにならない。

つぎに、これら領土紛争をめぐる、当事国の主な主張を紹介する。

（1）尖閣諸島・魚釣島（釣魚島）について

日本にもさまざまな主張がある。日本政府側の主張は、歴史的には、一八九五年に「無主の地」として領有した、というものである。一九七二年、沖縄の施政権返還までの間も日本の領土であった。二〇一〇年に菅民主党政権は「〝棚上げの合意〟は存在しない、〝領土問題〟は存在しない」とし、野田民主党政権は「島購入」の行動をとった。

さらに、安倍自民党政権も、それを引き継ぎ、暗黙の〝棚上げ合意〟を否認し続ける見解を主張している。この問題を口実に「中国脅威論」を煽り、軍備拡大を強めている。

これに対して、中国政府側の主張は、一五三四年に発見した赤尾嶼（釣魚群島東部の無人島）は中国の領土。尖閣諸島は台湾の一部であり、沖縄の一部でない。一八九四年（明治二七）日清戦争の直前、沖縄県知事の報告は、魚釣島に関して「日本に属することを証左できる旧記録書類や伝説などがない」とした。「ポツダム宣言」の「カイロ宣言」の条項の履行、すなわち、日本が〝盗取〟した諸島の一部で、返還されていない、というものである。

また一九七二年日中共同声明調印のとき、〝棚上げは暗黙の合意〟があった。さらに、一九七八年に鄧小平副首相が〝棚上げの再確認〟を表明し、その後、外交ルートで何度も確認されている、というのが、中国の見解である。確かに、〝棚上げ合意〟が四十年間、日中関係発展の妨げにならなかったことは事実である。時の政治指導者が、勝手に史実を葬ることは、国際的な信義に反することは言うまでもない。

この間、アメリカ政府は「尖閣の領有権は係争中であり、米国は最終的にどちらかの主権の立場をとらない」姿勢をとった。そして、アメリカの行動は施政権下の範囲に限定している。米国国防総省の報告書は、尖閣諸島を「領土紛争」の項に記載し、インターネットの百科事典「ウィキペディア」英語版も「主権をめぐり係争」と記載している。国際的に、尖閣諸島は係争地域であることが定着している。

〝棚上げ〟は、日本の実効支配を事実上認めていることだから、日本にとって有利な条件であり、決して、中国にとって有利な条件ではないことをきちんと理解すべきである。

（2）竹島（独島）について

日本政府側は次のように主張する。一六一八～二五年の間に、幕府は町人大谷、村川に鬱陵島《うりょうとう》（韓国語ウルルンド、当時の竹島）への渡海許可をだした。両家は同島の独占的経営を幕府公認でおこなった。一七七九年刊行『改正日本與地路程全図』をはじめとする文献に竹島の記載があり、江戸時代初期にあたる一七世紀半ばには、竹島の領有権を確立した。

対する韓国の主張は以下のものである。一一四五年『三国史記』に竹島の記述がある。一五三一年の『八道総図』『江原道部分図』に、「鬱陵島」と「千山島（竹島）」を東海（日本海）にある朝鮮の領土として並べて描いている。一八七五年作成『朝鮮全図』は松島（独島）を朝鮮の領土とした。一九〇〇年、大韓帝国は勅令で管轄地を「鬱陵島」と石島とした。石島が竹島である。この間、韓国では、学者の詳細な調査結果を公表している。

第二次世界大戦後、「ポツダム宣言」の第八項の中で領土に関し「日本国の主権は本州、北海道、九州及四国並に吾等の決定する諸小島に局限せらるべし」とあり、無条件降伏した日本はこれを受託した。「本州、北海道、九州及四国」以外の島は「吾等の決定する諸小島に局限せらるべし」と記されている。この「吾等」の主役はアメリカ・イギリスである。一九四六年一月二九日連合軍最高司令部訓令第六七七号では「日本の範囲から除外される地域」として「鬱陵島、竹島、済州島」を挙げている。

終戦直後の扱いでは、米国は竹島を日本の領土ではないとしている。しかし、「サンフランシスコ平和条約」では、「日本国は、朝鮮の独立を承認して済州島、巨文島及び鬱陵島を含む朝鮮に対するすべての権利、権限及び請求権を放棄する」としている。竹島は放棄する島の対象として明確になっていない。連合軍訓令と異なっている。

さらに、一九五一年ラスク国務次官補は「竹島は朝鮮の一部であったことは一度もなく、一九〇五年以降島根県隠岐島司の所管にある」とした。アメリカは竹島の扱いを韓国領としたり、別の時点では日本領と認めたり、揺れてきた。アメリカの地名に全責任を負っている地名委員会では、二〇〇八年まで竹島は韓国領としていたが、「どの地域にも属さない地域」に改めた。だが同年、当時のブッシュ大統領は韓国訪問前に、再度「韓国領」に改めさせた。今日、地名委員会では、竹島の所属国は大韓民国としている。これに対して、当時の日本政府の町村信孝官房長官は「米政府の一機関のやっていることに対し、いちいちコメントしたり特段の反応をしたりする必要はない」と述べ、抗議もしていない。これに対し、孫崎享氏は「町村官房長官は重大な過ちを犯した。それは歴史的な過ち、ある意味で、外交放棄である」（『日本の国境問題』）と指摘している。

第二次世界大戦の終結後、米国を中心とする連合国は日本の領土をどのように確定しようとしたのか。

（3）北方領土について

一九四五年七月二六日、連合国側は、日本国政府に無条件降伏を求めた。この「ポツダム宣言」第八項で「カイロ宣言の条項は履行せらるべく、又日本国の主権は本州、北海道、九州及四国並に吾等の決定する諸小島に局限せらるべし」となっている。

一九四六年一月、連合軍最高司令部訓令においては、日本の範囲に含まれる地域として「四主要島と対馬諸島、北緯三〇度以北の琉球諸島等を含む約一千の島」とし、「竹島、千島列島、歯舞群島、色丹島等を除く」としている。

一九五一年八月、衆議院本会議で、領土問題の質問に際して、吉田茂首相は「領土放棄については、すでに降伏条約において明記せられておるところであります。すなわち、日本の領土なるものは、四つの大きな島と、これに付属する小さい島とに、限られておるのであります。すなわち、それ以外の領土については放棄したのであります。これは、厳として存する事実であります」と答弁している。

千島列島は、なぜ、日本の領土とされなかったのか。

終戦時、米国のルーズベルト大統領は「いかに少ない米国の犠牲者で日本を無条件降伏させるか」に主眼をおいた。そのために、ソ連の対日参戦を重要視したのである。

一九四三年一一月のテヘラン会談で、ルーズベルト大統領はソ連の対日参戦を要請した。

一九四五年二月、クリミア半島の保養地ヤルタで米英ソの首脳会談がおこなわれた。この会談は「世界分割を決めた会談」ともいわれている。この中で「千島列島がソ連に引き渡されること」で合意し、「ヤルタ秘密協定」が結ばれた。

その会談の中でのやり取りは『ヤルタ会談＝世界の分割』（アルチュール・コント著、山口俊章訳、サイマル出版会）によると、つぎのようであった。

ルーズベルト「マニラは陥落し、日本の都市に対する爆撃を強化するときが来ている。日本への上陸なしに戦争を終わらせたい。そのためにスターリン閣下が日本に宣戦布告することを願っている」

スターリン　「ルーズベルト閣下の要請は、理解した。しかし、ソ連が冒すリスクにどのような代償が期待できるのか」
ルーズベルト「サハリンの南半分と千島列島を受け取るであろう。遼東半島の南満州鉄道の先端の港、可能であるなら大連があたえられるであろう」
スターリン「結構である。合意が文書化されるなら、対日参戦を約束しよう」
ルーズベルト「それでは、すぐ文書化に取りかかろう」

この「ヤルタ秘密協定」の概略は、つぎの通りである。

ソビエト連邦、アメリカ合衆国並びに英国の首脳は、ドイツが降伏し、かつヨーロッパにおける戦争が終結し、二、三カ月後、ソビエト連邦が次の条件によって連合国側にくみし日本に対する戦争に参加することについて合意した。

1、外蒙古（モンゴル人民共和国）の現状は維持される。

2、一九〇四年に日本の背信的攻撃によって侵害されたロシアの旧権利は回復される。すなわち、樺太南部および隣接するすべての島々はソビエト連邦に返還される。

3、千島列島はソビエト連邦に返還される。

こうして一九四五年二月一一日、日本の北方領土の分割が決定された。

この約束は、次の大統領トルーマンに引き継がれた。ルーズベルト死後、トルーマン大統領は「もっとも重要なことは、ソ連から対日参戦の確約をとることである」と、七月一七日ポツダムでスターリンと会談した。

トルーマンはこのときのやり取りを、『ポツダム会談　日本の運命を決めた17日間』(チャールズ・ミー著、大前正臣訳、徳間書店）で次のように記している。

トルーマン「私はあなたの友人としてやってきました。イエスかノーか率直に取り決めをしましょう」

スターリン「結構です。ソ連はいつもアメリカと手を組んできました。しかし、イギリスは戦争がもう終ったと考えているようです」

トルーマン「チャーチル首相は協力を申し入れています。心配に及びません」

スターリン「イギリスはドイツによって爆撃されたのであった。対日参戦に参加するのは、チャーチル首相の意に反しているのではありませんか」

トルーマン「アメリカはイギリスほど困っておりませんので、心配はご無用です」

スターリン「イギリスは、対日参戦に関心はないでしょう。わが国はヤルタで合意したように、八月中旬、日本に宣戦布告します」

このように、トルーマン大統領の要請を受け、ソ連は対日参戦の決定をしたのである。トルーマンは、ソ連の対日参戦の意義について、「我々の軍事専門家は日本本土に侵入すれば、日本軍の大部隊をアジアと中国大陸に釘付けにできた場合でも、少なくとも五〇万人の米国人の死傷を見込まなければならない。従ってソ連の対日参戦は、我々にとって非常に重大なことであった」(『トルーマン回顧録I』)と記している。

「ヤルタ秘密協定」は、日本を拘束しないが、当然、米ソを拘束する。米国は「米国の軍隊の被害をださない」ための理由として、広島・長崎に原爆投下をおこない、さらに、ソ連が対日参戦し中国大陸の関東軍が動けないようにする作戦を強く望んだのだった。そして、米国はソ連が対日参戦することを条件に、南半分の樺太と千島列島という餌をソ連に与える取引をしたのである。

一九四五年八月一六日、スターリンは、「日本軍がソ連軍に明け渡す区域に千島全島を含めること」との親書を、トルーマン宛に送った。

一九四五年八月一八日、トルーマンは「千島全てをソ連軍極東総司令官に明け渡す領域に含むよう修正することに同意します」とスターリン宛に送った。

ルーズベルトがスターリンに約束したこと（全千島をソ連に明け渡す）、すなわち「ヤルタ秘密協定」は生きているのである。その結果、今日まで米国は「ソ連が国後、択捉を領有することはけしからん」と公式に抗議したことはない。米国はソ連が参戦する見返りに、樺太（半分）と千島列島という餌をソ連にあたえたという国際公約の歴史的経過を無視できないからである。

一九五六年八月、日本がソ連と平和条約交渉を進める中で、「二島返還やむなし」（歯舞、色丹の即時返還）で解決を図ろうとしたとき、米国のダレス長官は重光葵外相に対し「もし日本が国後、択捉をソ連に帰属せしめたら」、米国は「沖縄を併合する」（一九五六年七月から九月、重光葵全権団）と脅したのであった。その結果、日ソ平和条約と領土問題は頓挫し、日本は北方領土問題の解決のチャンスを失った。

その後、米国は対ソ戦略上、日ソが接近するのを警戒し、国後、択捉が日本の領土であることを誘導していくのである。日本は「国後、択捉の領有は一八八五年の下田条約によって、露国より確認されている。国後島、択捉島は日本固有の領土である」との立場をとり、米国は日本に「北方領土をソ連が不法に占拠している」と国民感情を煽動させた。これに対しソ連（ロシア）は「領土問題は解決済み」の立場を変えない。米ソ間で「ヤルタ秘密協定」が生きているかぎり、日本の領域に国後・択捉は含まれないのである。七十年経った現在もいまだ解決できずにいる。

7　南京大虐殺の検定意見、検定済教科書の記述について

一九三七（昭和一二）年十二月一日、大本営は「首都南京を攻略すべし」と宣戦布告なしで、中国侵略の日本軍（上海派遣軍・松井石根軍司令官）に南京攻略を下命した。一二月一三日に南京城が陥落、日本軍は大規模な六週間にわたる残虐行為をおこない、約二十万人以上（東京裁判、揚子江周辺は除く）、約三十万人以上（南京軍事法廷）が犠牲となった。この南京大虐殺事件については戦時中、報道管制が敷かれ、政府は秘密にした。国民は虐殺

の実態を知ることができなかった。挙句の果て、「南京陥落を祝う祝賀行事」を組織したのであった。日本国民が大虐殺の実態を知ったのは、敗戦直後の東京裁判であった。

東京裁判と南京軍事法廷で、日本軍の侵略行為は重大な国際法違反で、戦争の罪、平和を破壊した罪、人道上の罪とされ、松井石根（上海派遣軍司令官）と谷寿夫（第六師団中将）など一群の直接責任のある戦争犯罪人たちを死刑に処した。松井は、師団長を集めて「皇軍の赫々《かくかく》たる戦果はこの事件で水泡に帰した。陛下にご迷惑をかけて申し訳ない」（『一億人の昭和史3　日本の戦史　日中戦争1』牧野喜久男編、毎日新聞社）と泣いて訓示したという。死刑になった松井は虐殺を痛恨の極みと思っていたのである。

二〇一三年一二月一四日、南京の新聞『金陵晩報』の報道は、「日本軍は南京占領時（一九三七年）蔵書二百万冊以上（図書館蔵）を略奪し文化侵略をおこなった。また、日本軍高級将校の「専用慰安所」が南京市内二カ所に設置されていた」ことを明らかにした。

今日、「南京大虐殺」を否定する動きが強まっている。

二〇一三年度に実施された二〇一五年度使用の小学校教科書および高等学校教科書検定における歴史認識に関する検定意見の中で、南京事件に関しての検定、記述はどうか。

『新しい社会』六年上（東京書籍）

現行版は「首都ナンキン（南京）を占領したとき、武器を捨てた兵士や、女性や子どもをふくむ多くの中国人が殺害された。このことは、日本の国民には知らされなかった」（筆者注、新版では、「このことは、日本の国民には知らされなかった」を削除している）

二〇一四年検定済『新しい社会』中学（東京書籍）

「戦火は中国北部から中部に拡大し、日本軍は同年末、首都の南京を占領しました。その過程で、女性や子どもなど一般の人々や捕虜をふくむ多数の中国人を殺害しました（南京事件）」

注釈「この事件は、南京大虐殺として国際的に非難されましたが、日本の国民には明らかにされず、戦後の国際軍事裁判所（東京裁判）で明らかにされました。被害者の数については、さまざまな調査や研究が行われていますが、いまだに確定していません」

この例では、引用した箇所に続いて「戦後、このできごとについてさまざまな調査や研

究がおこなわれてきましたが、その全体像については、今もなお議論が続けられていま
す」と南京事件は未確定を強調している。「南京事件＝否定論」を容認する記述があるが、
これには検定意見がつけられていない。

二〇一二年度検定『日本史A』（実教出版）

▼申請図書

「南京城占領前後の数週間で、少なくとも、一〇数万人が殺害されました。また、上海から南京までの日本軍進路での虐殺行為も、多数発生しています。中国南京市「侵華日軍南京大虐殺遭難同胞記念館」では、市民や武器を捨てた兵士など三〇万人以上が犠牲になったと表示されています。当時、日本国内にはこの事件は知らされませんでした」

▼検定意見

「南京事件の犠牲者数について諸説あることが理解できない表現である」

▼修正後

「南京城占領前後の数週間で、多くの市民や武器を捨てた兵士などが殺害されまし

た。犠牲者については、約二〇万人や一〇数万人、またそれ以下など諸説あります。上海から南京までの日本軍進路での虐殺行為も、多数発生しています。中国南京市「侵華日軍南京大虐殺遭難同胞記念館」では、市民や武器を捨てた兵士など三〇万人以上が犠牲になったと表示されています。当時、日本国内にはこの事件は知らされませんでした」

二〇一一年度検定『日本史B』（明成社）

▼申請図書

「〈脚注〉⑤その際、現地の軍民に多くの死傷者がでた。なお被害者数や実態については、今日でもさまざまな議論がある。（南京事件）」

▼検定意見

「「南京事件」について、誤解するおそれのある表現である」

▼修正後

「⑤その際、日本軍によって現地の軍民に多くの死傷者がでた（南京事件）。なお被害者数とその実態については、今日でもさまざまな議論がある」

★検定済教科書の南京大虐殺の記述について

『日本史』（東京書籍、一九八四年）

脚注①「南京を占領した日本軍は、数週間のあいだに、市街地の内外で多くの中国人を殺害した。その死者の数は、婦女子・子供をふくむ一般市民だけで七～八万、武器を捨てた兵士をふくめると、二〇万以上ともいわれる。また中国では、この殺害による犠牲者を戦死者をふくめ、三〇万以上とみている。この事件は、南京大虐殺として、諸外国から非難をあびたが、日本の一般の国民はその事実を知らされなかった」

『日本史三訂版』（三省堂、一九九二年）

脚注②「日本軍が南京を占領したさい、中国人に対する殺害・略奪・暴行が無統制におこなわれた。占領後の六週間に南京内外で殺害された非戦闘員・捕虜の数は一〇万人といわれる（南京大虐殺）」

『日本史A』（東京書籍、二〇一〇年）

「日本軍は中国軍と激しい戦闘を交して十二月には国民党政府の首都南京を占領し

た。その際約二〇万人といわれる捕虜、非戦闘員を殺害するとともに、略奪、放火、性暴力を多数引き起こした」

『日本史A』（清水書院、二〇一一年）

「南京占領時には、戦闘に無関係な中国人をも多数殺害し（南京事件）、共産党が支配する地区では、放火・殺戮・略奪活動を行った。こうした蛮行は、戦時統制により日本国民には知らされなかった」

『日本史』（育鵬社、二〇一一年）

「日本軍は十二月に首都・南京を占領しましたが、蔣介石は奥地の重慶に首都を移し、徹底抗戦を続けるため長期戦に突入しました。このとき、日本軍によって中国の軍民に多数の死傷者がでた（南京事件）。この事件の犠牲者数などの実態については、さまざまな見解があり、今日でも論争が続いている」

『日本史B新訂版』（実教出版、二〇一二年）

「日本は大軍を投入し、十二月、国民政府の首都南京を占領した。そのさい、日本軍は投降兵・捕虜をはじめ中国人多数を殺害し、略奪・放火・暴行をおこない、南京大虐殺として国際的な非難をあびた。死者の数は戦闘員を含めて、占領前後の数週間で少なくとも一〇数万人に達したと推定される」
脚注⑤「南京大虐殺の犠牲者数については、一〇数万人より多いとする説もあるいっぽうで、これより少ないとする説もある」

『詳説日本史B改訂版』（山川出版社、二〇一二年）
「日本は次々と大軍を投入し、年末には国民政府の首都南京を占領した」
脚注③「南京陥落の前後、日本軍は市内外で略奪・暴行をくり返したうえ、多数の中国人一般住民（婦女子を含む）および捕虜を殺害した（南京事件）。南京の状況は、外務省ルートを通じて、はやくから陸軍中枢部にも伝わっていた」

『新編日本史』（原書房、一九八五年）
「これについてわが国では、その実否をめぐって論争となり、学問的にはまだ決着をみてない」「その後もさらに真相究明のため、史料や関係者の聞書きなどの検討が続けられている」（内覧本、現在、この教科書は明成社版に引き継がれている）。

南京大虐殺の項目の検定意見では「なお被害者数とその実態については、今日でもさまざまな議論がある」（明成社、二〇一二年検定）とか、「南京大虐殺の犠牲者数については、一〇数万人より多いとする説もあるいっぽうで、これより少ないとする説もある」。また、「それ以下などの諸説があります」（実教出版、二〇一三年検定済教科書）などと記述の変更がなされた。この付加記述は犠牲者は少なかったように印象づけ、犠牲者の数の相異に関心を向けさせ、虐殺行為や虐殺された犠牲者の実態を知らせず、否定しようとする意図がみえみえである。

南京大虐殺の問題に関して、靖国神社の遊就館は「南京大虐殺はなかった」と史実自体を否定している。このように、南京大虐殺に対して、日本では、大方、①客観的に認める②虐殺の事実は認めるが犠牲者数には相異があり、論争がある③存在自体を否定する——の三つの異なった見解がある。

近現代史の研究で著名な半藤一利氏は、『昭和史』で「軍に法務官がいるのに、裁判もせず、捕虜を大量に処刑したのはいけないことです。南京では日本軍による大量の虐殺と各種の非行事件のおきたことは動かせない事実であり、私は日本人のひとりとして、中国国民に心からお詫びしたい」と、虐殺の事実を率直に認め、日本国民として謝罪の意を記している。だが、犠牲者の数については「中国がいうように三十万人を殺したというのは、東京裁判でもそういわれたのですが、あり得ない話です。当時、南京の市民が疎開して三十万人もいなかったし、軍隊もそんなにいるはずはないのですから」と、三十万人は認め難いと述べている。

日本政府の一部や南京大虐殺否定論者は、「サンフランシスコ平和条約」第十一条で受諾するとした東京裁判では二十万人以上、南京軍事法廷では三十万人以上と認知したことに全くふれず、数の多い少ないの問題を蒸し返し、具体的な調査なしに実態の隠ぺいをしようとしているのである。

南京の人口というときには、南京の範囲・面積をどう認識しているかが問題となる。旧南京城内だけで、その面積は東京の山手線内に相当する。南京市の面積はその何倍にもなる。南京というときに旧南京城をさすのか、南京市区、市外の全体をさすのか。はっきりした範囲でなく、南京と漠然と呼んでいるのにすぎないのではないか。南京の範囲の取り方によって、人口は大きく変化する。

南京は当時、首都であり、南京市民以外の人々も多数生活していた。つまり、南京市に戸籍がない人は統計上数えられない。さらに中国では、戸籍変更は原則的に認めてこなかった。現在の上海に住んでいる人で、上海市の戸籍のない人は全体の三分の一にのぼる。現在でも地方の人が上海市の戸籍を取るのは容易ではない。

二〇一四年三月一七日付『人民日報海外版』は、南京大虐殺前後の南京地区の人口の推移について、関東軍の文書が発見されたと報じた。関東軍司令部文書には、一九三八年二月に日本軍華中派遣憲兵隊の大木繁司令官が関東軍司令部に報告した「南京憲兵管轄区内の治安回復状況に関する報告」がある。文書は南京の総人口は事変前は百万人（下関区を含まず）だったことを明記している。そして「本旬（二月二八日）までに計三三万五〇〇〇人が戻った」としている。南京大虐殺前後で市の人口を比べると七六万五千人も激減している。これは何を物語っているのか？

また、日本の南満州鉄道上海事務所の派遣した「南京特務班」が陥落後の南京でおこなった調査の報告「皇軍占領後の南京市概況」（一九三八年一月二二日）がある。その報告では、南京市の人口は「本事変前は約百六万人だった」「南京全体が皇軍に包囲され、逃げ去る余地は全くなし」と明記している。こうした日本側の文書記録によれば、南京市の人口は、百万人以上はあり、三十万人以下というのは、犠牲者の数を少なくするための恣意的な数字といえる。

最近、江蘇省による人口調査結果が公表され、南京大虐殺前年（一九三六年）の南京市人口は、百一万九一四八人であった（『揚子晩報』二〇一四年一二月一一日付報道）。

さらに、昭和一四年二月に日本陸軍省がひそかにつくった「秘密文書第四〇四号」が残っている。そこに「事変時より帰還の軍隊、軍人の状況」という、中国から帰国した軍人から聞き書きをした記録がある。半藤一利は『昭和史』の中で、次のような記述をしている。

「戦闘の間一番嬉しいもんは掠奪で、上官も第一線では見ても知らぬ振りをするから、思う存分掠奪するものもあった」

「ある中隊長は「余り問題が起こらぬように金をやるか、または用をすましたら後はわからぬように殺しておくようにしろ」と暗に強姦を教えていた」

「戦争に参加した軍人をいちいち調べたら、皆殺人強盗強姦の犯罪ばかりだろう」

このように、日本軍の南京攻略時において、非戦闘員、捕虜の虐殺、掠奪、婦女暴行、強姦などの蛮行が公然とおこなわれ、中国民衆や捕虜を理由もなく殺害していたのだった。その生々しい様子は、石川達三（第一回芥川賞受賞・一九三五年）の『生きている兵隊』によって描かれている。

この小説は『中央公論』に掲載されたが、即日発売禁止処分となった。国民は南京大虐殺の実態を知る機会を失った。戦後「無削除版」が刊行され、最近「伏字復刻版」が再刊されている。

また、一九三七（昭和一二）年十二月一日大本営の「首都南京を攻略すべし」の命令を受けた高崎の第百十五連隊第二大隊は本隊と合流し、南京城へ向け攻撃した。雨花門から南京域内に突入後、第二大隊の野原中隊長の保存記録によれば、次のようだ。

「一九三七年十二月十二日、第百十五連隊は南京攻略戦で雨花門から南京城内に突入――第二大隊の戦死者六名、傷者一三名――第二大隊戦闘参加将兵六五九名、雨花門付近の中国軍兵力「二千を下らず……其の大部隊を殺し、多数の武器弾薬を遺棄せしめたり」「敵敗残兵の掃蕩数は数ふるに復（さまよう）なき状態にして、全く此の付近

に充満せり」」（『第百十五連隊第二大隊、南京城攻略戦戦闘詳報』傍線原文、以下同）。

同年十二月二〇日、第百十五連隊に所属する第十軍参謀長は、南京攻略作戦中の婦女暴行などの軍紀退廃にかんがみ、

「掠奪婦女暴行、放火等厳禁に関しては、屢々（しばしば）訓示せられたる所なるも、本次南京攻略の実績に徴するに、婦女暴行のみにても百余件に上る忌むべき事態を発生せるを以って、重復おも顧みず注意する所あらんとす」（昭和十二年十二月二〇日）」（岩根承成著『高崎・第百十五連隊の第十軍参謀長の訓示、戦闘詳報』）。

このように、部隊の無分別な虐待行為に強い懸念をいだき、注意を促さざるをえなかったのだった。

日本軍の軍紀は乱れ、「鬼」蛮行で、道徳規律をもたず、人道主義の精神はなく、残酷な軍になり下がった。いくらなんでもひどすぎる、ということで、あわてて「戦陣訓」が一九四一（昭和一六）年につくられる始末であった。

当時の重光外相は手記の中で、一九四二年駐中国大使の頃、南京事件に関し次のように述べている。

「俘虜《ふりょ》及敵国人に対する日本人の考え方は日露戦争当時の考え方とは全然異なつた方向にあった。軍及右翼を中心とする思想の動き方は戦争前、特に満州事件《ママ》前後より急激に反動的、「日本精神」「皇軍思想」は無意味なる優越感となり、外国軽侮となって居った。低劣《ていれつ》なる唯我独尊、切り捨て御免の思想となり態度となって、支那、南方に於ける我軍隊の行為は実に言語道断であって進駐当初は南京でも香港でもシンガポールでもマニラでも虐殺、殺戮《さつりく》、強盗、掠奪《りゃくだつ》、強姦、暴行、収賄、不正等、殆ど悪魔の軍隊であったのは事実である。（中略）南京事件の実相を知るに及んで、我軍隊の素質、日本民族の堕落に憤りを発せざるを得なかった」（『重光葵手記』）

8　侵略・進出に関する事例

一九八二年六月、文部省（現在文部科学省）が教科書検定において、高等学校の日本史教科書の記述で、日本軍の「華北へ侵略」を「華北へ進出」と書き換えさせた、と各新聞社・テレビ局が一斉に報じた。これに関して中国や韓国から抗議を受けた。

その後、事の発端で問題になった実教出版教科書『世界史』では「華北へ侵略」を「華北へ進出」に書き換えた事実はなかったことが判明した。実教出版教科書で「華北へ侵略」の記述を直さなくてもよい改善意見（検定意見）が付記されていた。さらに、この年の検定以前から「華北へ進出」という記述が、書かれていたことが分った。

帝国書院教科書『世界史』で「東南アジアを侵略」から「東南アジアへ進出」と書き換えた事実はあったが、華北部分に書き換えはなかった。「華北」に関する書き換え報道は、実教出版と帝国書院の記述を混同したことによる誤報であった。当時、「侵略」に関する検定意見が付されたが、書き換えるかどうか、直すのは各教科書会社にまかせられていた。

この問題に対して、日本政府が、教科書検定の際に、『侵略』といった表現に「検定は付さない」とし、検定基準につけ加えられた。文部省は教科用図書検定基準に「近隣アジア諸国との間の近現代の歴史的事象の扱いに国際理解と国際協力の見地から必要な配慮がなされていること」という「近隣諸国条項」を追加した。だが侵略・進出に関する問題は、侵略戦争の否定という安倍首相発言問題などにみられるように、今日にいたるまで蒸し返され続けている。

近年、この問題は、検定でどう取りあつかわれているかを見てみよう。

二〇一一年度検定『日本史B』（実教出版）

▼申請本

「そのなかで、一九八二年には、教科書検定で「侵略」を「進出」と改めさせようとしたため、中国・韓国から抗議を受けた」（傍線は原文、以下同）

▼検定意見

「説明不足で理解しがたい表現である」

▼修正後

「そのなかで、一九八二年には、教科書検定でアジアへの「侵略」の表現を改めるよう指示され、書き換えたため、中国・韓国から抗議を受けた」

二〇一一年度検定『日本史B』（実教出版）

▼申請本

「一九二四年には両党が協力し、日本の侵略に反対し」

▼検定意見

「第一次国共合作について誤解するおそれのある表現である」

▼修正後

「一九二四年には両党が協力し、日本など諸列強と連携する軍閥や北京政府に反対し」

二〇一一年度検定『日本史A』（実教出版）

▼申請本

「日本の侵略加害の事実を記述する教科書を「自虐的」と非難する教科書があらわれ

たことなどに対して、アジア諸国からも強い批判がおこった」
▼検定意見
「誤解するおそれのある表現である」
▼修正後
「日本の侵略加害の事実を記述する教科書を「自虐的」と非難する立場の人々が執筆した教科書があらわれたことなどに対して、アジア諸国からも強い批判がおこった」

二〇一二年度検定『日本史B』（実教出版）
▼申請本
「そのなかで一九八二年には、教科書検定で「侵略」を「進出」と改めさせようとしたため、中国・韓国から抗議を受けた」
▼検定意見
「説明不足で理解しがたい表現である」
▼修正後
「そのなかで一九八二年には、教科書検定でアジアへの「侵略」の表現を「進出」と

改めるよう指示があり、書き換えたため、中国・韓国から抗議を受けた」

一九八二年の混同誤報問題では前述したように「華北への侵略」から「華北への進出」への書き換えはなかったが、「東南アジアを侵略」から「進出」へと書き換えた事実があった。この問題以降「侵略」から「進出」へ、教科書会社側から検定前に自主的に変更申請する傾向が増えてきた。

二〇一二年度検定『日本史B』（実教出版）

▼申請本

「また、小泉・安倍政権と続いた靖国神社参拝や慰安婦問題、日本の侵略加害の事実を記述しない教科書を「自虐的」と非難する立場からの人々が執筆する教科書があらわれることなどに対して、アジア諸国からも戦争への無反省に強い批判がおこった」

▼検定意見

「誤解するおそれのある表現である」

▼修正後

「また、小泉・安倍政権と続いた靖国神社参拝や慰安婦問題、日本の侵略加害の事実を記述しない教科書を「自虐的」と非難する立場からの人々が執筆する教科書があらわれることなどに対して、アジア諸国で戦争に対する反省がないという批判がおこった」

★侵略・進出に関する〔検定済教科書〕の表現

二〇一二年検定済『日本史B』新訂版脚注（実教出版）

本文「日本は一九九五年の村山首相談話で植民地支配と侵略への反省を表明したが、侵略戦争の責任を明確にしない日本政府の姿勢や日本の歴史認識に対するアジア諸国の不信感が消えないからである」

注釈「一九八〇年に文部省に提出され、八一年度に検定を受けた歴史教科書のなかに、アジアへの侵略の表現を改めるように指示され、中国への「侵略」を「侵入」とした教科書や、東南アジアへの「侵略」を「進出」と書き直した教科書があった」

一九八二年に中国・韓国が日本に抗議し、鈴木内閣は是正措置をとった。その後、文部科学省が「新しい歴史教科書をつくる会」の中学校用歴史教科書を検定合格としたことや小泉首相の靖国参拝に対し、韓国・中国などから強い批判と抗議がなされている。

★アジア・太平洋戦争に関して

二〇一一年度検定『日本史Ａ』（実教出版）

▼申請本

側注「戦後、日本でも太平洋戦争の名称が使われてきたが、近年、日本の侵略した地域がアジアと太平洋地域であることを示すために、この名称が使われるようになった」

▼検定意見

「呼称としての〈太平洋戦争〉について誤解するおそれのある表現である」

▼修正後

「戦後、日本でも太平洋戦争の名称が使われてきたが、近年、日本の侵略した地域がアジアと太平洋地域であることを示すために、この名称も使われるようになった」

二〇一三年度検定『社会6年上』（日本文教出版）

▼申請本

「イギリス・アメリカとも戦争をはじめ、戦場は中国から東南アジア・太平洋にまで広がっていきました（アジア・太平洋戦争）」

▼検定意見

「理解しがたい表現である」

▼修正後

「太平洋戦争」（筆者注、年表、索引などもふくむ関連十三カ所すべての表記をアジア・太平洋戦争から「太平洋戦争」に改めさせた）

このように同じ理由（検定意見）で、旧版の「アジア・太平洋戦争」は「太平洋戦争」にちぐはぐな修正がなされた。

『地図』4・5・6年（帝国書院）

▼申請本

「アジア・太平洋」
▼検定意見
「説明不明で理解し難い表現である」
▼修正後
「太平洋戦争（アジア・太平洋戦争）」

日本のおこなった戦争の性格をより適切に表現する「アジア・太平洋戦争」をいまだに容認しようとしない教科書調査官の見識が問われるとともに、教科書調査官の主観的判断に委《ゆだ》ねる現行教科書検定制度の欠陥を端的に示す事例（『教科書レポート二〇一四年度版』）といえる。

9　慰安婦に関する事例

先の戦争で「従軍慰安婦」と呼ばれてきた日本、朝鮮、中国などの女性たちは、親などから人身売買で花街に売られ、日本軍に奉仕させられ慰安所に連れてこられた。また、彼女らは、監視下に置かれ、自由に「慰安婦」を辞めたり、自由に慰安所を出ることはできなかった。「性的奴隷」として扱われたのだった。

慰安婦問題は日本では、一九七〇年代から八〇年代にかけてクローズアップされてきた。一九九〇年に韓国の女性団体の提起によって、二国間の問題として、内外に明らかにされた。日本政府に真相究明と謝罪、補償を求める共同声明を発表し、提訴した。これに対して、政府は軍の関与を認めるが強制性はなかったとした。これに対して、韓国政府は納得せず抗議した。

一九九三年七月、日本政府は、韓国の元慰安婦一六人に聞き取り調査をおこなった結果、強制性を認めた。そして、一九九三年の「河野談話」で強制性を認め、謝罪を表明した。その後、「女性のためのアジア平和国民基金」への協力などの対応をおこなってきた。一九九七年、当時の安倍晋三衆議院議員は、河野談話の見直しを主張し、国会で慰安婦問題に関する歴史教科書の記述の見直しを要求した。

二〇〇七年一月、米下院での慰安婦問題に関する対日謝罪要求に関する決議が論議された。当時の安倍首相は四月の訪米前に「河野談話を受け継ぐ」とその場を取り繕《つくろ》った。

二〇一一年八月には、韓国の憲法裁判所がこの問題で判決を出し、日韓の懸案事項として再度浮上した。二〇一二年八月には、李明博《イミョンバク》大統領が竹島に上陸し、その理由として慰安婦問題に対する日本の消極的な態度をとりあげ批判した。

二〇一二年末、河野談話の見直しを主張してきた安倍が再び首相となり、「強制性」否定を画策し、議論になった。二〇一四年五月、朝日新聞の「吉田清治証言」誤報を唯一の証言のごとく取り上げ、他の「強制連行」証言の事実を覆い隠し、右翼マスコミ、ジャーナリストを動員し、日本による「従軍慰安婦」が存在した歴史の抹殺《まっさつ》をもくろんでいる。従軍慰安婦問題は、国連で女性の人権問題として大きく取り上げられ、世界の常識となっている。

二〇一三年五月、米国のジョン・トマスシーファー元駐日大使は「河野談話の見直しは米国やアジアでの日本の利益を損なう」「米国内に賛同者はいない」と日本政府の姿勢を批判した。慰安婦問題に関する教科書の記述問題は、今後、教科書検定をめぐって再燃し、日韓・日中間の外交上も大きな論議となることは必至である。いずれにせよ従軍慰安婦の存在を謙虚に認め、謝罪と反省の意を世界に示すことが必要ではないか。

最近の検定では、どうなっているのかを示しておこう。

二〇一二年度検定『日本史A』（実教出版）

▼申請本

「戦争中に、「慰安婦」とされた韓国人女性が日本政府に謝罪を求めたほか、かつての植民地の人々によって、日本政府を相手取り、戦争中の補償を求める訴訟がなされました（戦後補償）。また、日本の歴史教科書記述や、日本の総理大臣がＡ級戦犯を合祀した靖国神社に参拝することに対し、厳しい批判が出されました。沖縄からも同様に、沖縄戦における教科書記述が問題視されました。日本軍が住民を殺したり、集団での自決に追いこんだりしたことをめぐって、教科書にきちんと記載するように要求が出されました」

▼検定意見

「説明不足で理解し難い表現である」

▼修正後

（筆者注、本文の修正なし。側注の追加）

側注「②日本政府は、個人にかかわる戦後補償については、すでにそれぞれの政府との間で決着している、という立場をとってきています」（傍線原文、以下同）

二〇一二年度検定『日本史A』（実教出版）

▼申請本

「植民地からの強制連行・強制労働や、「慰安婦」をめぐる訴訟がなされました」

▼検定意見

「説明不足で理解し難い表現である」

▼修正後

（筆者注、本文の修正なし。側注の追加）

側注「日本政府は、個人にかかわる戦後補償については、すでにそれぞれの政府との間で決着している、という立場をとってきています」

「慰安婦」に関する〔検定済教科書〕の表現をみてみよう。

二〇〇七年検定済『日本史B』（実教出版）

「一九四四年以降、数千人の朝鮮人の女性が勤労挺身《ていしん》隊として、日本の工場に送られた。また、多数の女性が日本軍兵士の性の相手として、「従軍慰安婦」にされ、中国、フィリピン、インドネシアなどの前線や沖縄などに連行された。こうした日本の植民地支配と侵略によって、多くの損害と被害を受けたアジア諸国の人々から、近年、政府や関係企業に対して、加害に対する補償を求める動きが広がってきた（「戦後補償問題」）。これに対して日本政府は、これまでの戦争の賠償問題については、各国との条約で解決ずみとして、これらの要求に応じられないとの態度を表明している。しかし国家間の補償問題は解決したとしても、それによって個人の補償の請求権が消滅するかどうか、問題は残されている」

二〇一三年検定済『日本史B』（実教出版）

「アジア諸国は、近代において日本を含む列強の侵略と植民地支配を経験し、戦後も朝鮮戦争やベトナム戦争を経験した。日本が、アジアにおいて、「名誉ある地位を占める」（日本国憲法）ためには、過去の侵略を反省し、慰安婦や強制労働の補償問題などを誠実に解決するとともに、その経済力を生かしつつ、東アジアの平和的地域共同体形成への協力など、アジア諸国民との真の共存をめざす一貫した努力が不可欠である」

＊

改めて「従軍慰安婦」の経緯をたどってみる。

従軍慰安婦とは一九三二年の第一次上海事変から一九四五年の敗戦までの期間に、日本、植民地、占領地から、日本陸海軍がつくった慰安所（買春施設）に集められ、軍人・軍属の性の相手をさせられた（未成年者を含む）女性のことである。

一九九一年まで日本政府は、軍と慰安婦の関係を「民間業者が連れ歩いた」「関与していない」と国会で答弁し、軍との関係や責任を否認してきた。しかし、一九九一年に韓国の元慰安婦の女性が敗戦後五十年近くにわたる沈黙を破って名乗り出て、補償と謝罪の要求を提起したことで「慰安婦」問題は広く知れわたるようになった。

一九九二年一月に軍の関与を立証する史料が発見（その後一九九三年までに二三〇点以上の新史料が発見）されると、政府は当時の史料の調査や元慰安婦の方々への聞き取り調査などをおこない、それを踏まえ一九九三年には軍の関与と強制性を認め、後述のようにいわゆる河野談話（巻末【資料8】参照）を発表し、元「慰安婦」の方々に謝罪した。

二〇一四年五月、朝日新聞が、いわゆる従軍慰安婦問題に関し、強制連行したとする吉田清治氏の虚偽証言を巡る誤報に対して、安倍首相は「強制連行」されたことを裏付ける証拠である吉田氏の証言が虚偽だったことによって、慰安婦が自由を奪われた「性奴隷」であったことを示す根拠はなくなったので国際社会に訴えてゆくとしている。

他方、河野談話の作成に関与した石原信雄元官房副長官が「河野談話作成の過程で吉田証言を直接根拠にして強制性を認定したものではない」（九月一一日テレビ朝日での発言）という趣旨のことを述べた。つまり、河野談話は、吉田証言が唯一の証拠ではないし、元慰安婦の証言や他の証拠にもとづいて作成されたことを明確に示している。吉田虚偽証言が唯一の決定的な証言のように断定し、その事で強制連行そのものをすべてくつがえすことはできないのだ。国際社会は、従軍慰安婦問題を戦時下の女性の人権・人道問題として重視しており、一つの虚偽の検証で、日本軍による従軍慰安婦が存在した歴史の事実を帳消しにすることはできない。

二〇一三年九月、東京の国立公文書館は第二次世界大戦中に日本軍がインドネシアの捕虜収容所からオランダ人女性約三五人を慰安婦として強制連行したとの記載がある公的資料を市民団体に開示した。慰安婦問題への軍の関与を認めた河野官房長官談話（一九九三年）のもととなる資料で、その存在と概要は知られていたが、詳細な内容が公開されたのは初めてだ。

オランダ人のマルガリータ・ハマーさんが会った慰安婦被害者は日本軍に強制連行されたと一人残らず証言した。また、日本が過去の歴史を否定していることに、オランダの慰安婦被害者は極めて大きな悲しみを覚え、日本が正式な謝罪と法的補償をおこなわないことに怒りを表明している。ハマーさんは「安倍晋三氏は二〇〇七年に慰安婦は強制連行ではなかった、と述べて後に謝罪したが、今また同じ過《あやま》ちを犯し始めている」と強く批判している。この慰安所は「日本軍のあるところ慰安所あり」と言った状況で七百カ所以上あったことが確認されている。

旧日本軍の「従軍慰安婦」には、日本人、朝鮮人、台湾人、中国人、フィリピン人、インドネシア人、タイ人、ベトナム人などのアジア人に加え、オランダ人等々の西洋人がいた。

二〇一四年九月八日、礒崎陽輔《いそざきようすけ》内閣総理大臣補佐官は慰安婦問題に関して「慰安所が軍の要請によって設置されたことは事実で、その慰安所で慰安婦と呼ばれる痛ましい境遇の女性たちが働いていたのも紛れもない事実」と私見をのべた。

実教出版の教科書『高校日本史B』（二〇一二年）では、「戦争責任と戦後補償を考える」

の項目で、日本政府は、国家としての補償問題は各国との条約で解決ずみで、国家責任としての個人補償には応じられないとしている。だが今日、国連の場では、「戦後補償問題も国家による個人の人権侵害の問題として考える」ようになり、「個人の請求権は残されている」と記している。

10　靖国参拝問題、東京裁判に関する事柄

（1）靖国参拝問題について

靖国神社は、戊辰《ぼしん》戦争（明治一～二年）で官軍の死者を祀《まつ》った招魂《しょうこん》社を起源とする神社である。国家のために戦死したり戦傷病死した軍人や軍属すなわち「祖国を守るという公務に起因して亡くなられた方々の神霊」、戦没者二百五十余万の霊を合祀《ごうし》する神社で、軍が管轄していたが、戦後は国家神道解体により一宗教法人の神社となった。靖国神社は、戦時中、軍国主義を鼓吹し、日本国民を侵略戦争にかりたてる精神的支柱として絶大な威力を発揮し、日本の軍国主義と侵略戦争の象徴であった。

一九七八年に東条英機元首相ら一四名のA級戦犯が、「昭和殉難《じゅんなん》者」として合祀され

た。この戦争指導者たちを神として祀《まつ》る靖国神社に日本の首相が参拝し、「心をこめて敬意と感謝の意をささげる」行為は、東京裁判や「サンフランシスコ平和条約」を否定する立場に日本政府が立つことを内外に表明することにほかならない。

二〇一三年一二月二六日、安倍首相は靖国神社を公式参拝し、内外から強い抗議を受けた。この参拝に対して、米国政府はただちに駐日米大使館を通じて、「(安倍首相の靖国神社参拝について) 失望している」との声明を発表した。また、中国政府も「日本の指導者が、中国とアジアの戦争被害国の人民の感情を残忍に踏みにじり、歴史的な正義と人間の良心に公然と挑戦したことに強い不満を表し、日本側に強力に抗議する」と表明し、韓国政府も強い不満と抗議を表明した。

昭和天皇は、A級戦犯の合祀以後は参拝をやめ、現天皇も参拝していない。国家のために戦死した軍人らを追悼するならば、その軍人によって犠牲を強いられた相手(敵)国の人々も追悼し謝罪する気構えなくして友誼《ゆうぎ》を深めることはできない。

検定や教科書で、この問題はどう取り扱われているかを見てみよう。

二〇一二年度検定『日本史B』(清水書院)

▼申請本
「小泉首相の靖国神社公式参拝をめぐり」
▼検定意見
「公式とするのは誤解するおそれのある表現である」
▼修正後
「小泉首相の靖国神社参拝をめぐり」

二〇一二年度検定『日本史A』（実教出版）
▼申請本
「また、日本の歴史教科書の記述や、日本の総理大臣がA級戦犯を合祀した靖国神社に参拝することに対し、厳しい批判が出されました」
▼検定意見（筆者注、この項は、意見なし）
▼修正後（筆者注、本文の修正なし）

二〇一二年度検定『日本史B』（山川出版社）

▼申請本
「この裁判は、東京裁判ともいわれ、平和に対する罪という、第二次大戦後につくられた新しい犯罪概念を問うものである」
▼検定意見
「極東軍事裁判が新しい犯罪概念を問うことを目的とした裁判であったかのように誤解するおそれのある表現である」
▼修正後
「この裁判は、東京裁判ともいわれ、平和に対する罪という、第二次大戦後につくられた新しい犯罪概念が裁判に用いられた」

（2）靖国問題に関する〔検定済教科書〕の記述
『日本史B新訂版』（実教出版、二〇一二年）
「中曾根内閣はまた、国際国家日本を唱え、アメリカの安全保障体制への同調を強め、防衛費の「対GNP比一パーセント枠」の突破やODA（政府開発援助）の増加を図り、ナショナリズムの喚起をめざして、一九八五年には靖国神社に公式参拝した」

脚注「①中曾根首相の靖国参拝に対して、中国・韓国から、「軍国主義復活」との批判がなされ、以降、同首相は公式参拝をおこなわなかった」

脚注「③その後、文部科学省が新しい歴史教科書をつくる会の中学校用歴史教科書を検定合格したことや小泉首相の靖国神社参拝に対し、韓国、中国などから強い批判と抗議がなされている」

小泉元首相は、靖国神社にA級戦犯が祀られていることに対して、「罪を憎んで人を憎まず」と語っていた。さらに安倍首相は「国のために尊い命を落とした尊い英霊に対し、尊崇の念を表するのは当たり前のことだ。いずれの国においても行われているところである。国家の指導者が参拝するのは当然で、首相在任中に参拝できなかったのは痛恨の極みだ」と表明し、靖国神社参拝の姿勢は変えなかった。

靖国参拝を推進する政治家は「A級戦犯といわれる人々が、かつて我が国の指導的立場にあり、わが国家、国民に対し、重大な責任を免れないとしても、いわゆる戦争責任論と合祀問題は自ら次元を異にする」、また、A級戦犯は戦争犯罪人ではない、と東京裁判を否定する立場をとっている。

靖国神社には、さきの侵略戦争を肯定する「遊就館」という博物館がある。そこに展示されている内容は、歴史認識の誤りを象徴している。中国・韓国など東アジアの国々が問題にしている日本の歴史認識の倒錯が、まさにそこにある。日本は無条件降伏し、東京裁判でA級戦犯を重大な戦争犯罪人だと認めることによって、国際社会に復帰したのであった。ところが祈る対象にA級戦犯も入ったまま参拝するわけだから、戦争を深く反省していることにはならない。

在職当時、中国の周恩来首相は「中国人民を苦しめたのは、一握りの日本軍国主義者で、大多数の日本人民も一握りの軍国主義者の犠牲者です」と、国の指導者と国民大衆を区別したのであった。とりわけ、日本は「連合国戦争犯罪法廷の裁判を受諾」したのであり、その東京裁判で有罪の判決を受けた戦争犯罪人を合祀した靖国神社への参拝は、東京裁判の否定であり、戦後の国際的道義を覆すものであり、中国や韓国、各国が批判、非難するのは当然と言える。

ドイツでは、現在でもナチス協力者を追及し、逮捕している。さらに「公然とあるいは集会において、ナチスの暴力・恣意《しい》的支配を承認、賞賛、正当化等をすることによって、その犠牲者の尊厳を傷つけるようなかたちで公共の平和を乱すこと」やナチス式敬礼の禁止など、ナチス擁護に罰則（三年未満の懲役もしくは罰金）が設けられている。日本の首相が、A級戦犯（戦争犯罪人）を祀る靖国神社を参拝することは、ドイツでのナチス擁護と同列であり、日本の指導者は歴史から何も学んでいないと言える。

二〇一三年一〇月、アメリカのケリー国務長官とヘーゲル国防長官は、靖国神社ではなく、千鳥ヶ淵《ちどりがふち》戦没者墓苑に献花と黙とうをささげた。この行動は、首相の靖国参拝意向への牽制ともいわれていた。

いうまでもなく、戦後日本は、国家神道化を否定し「神社の特典」を廃止することで出発した。日本国憲法は、いかなる宗教団体への特権の禁止（第二〇条）、公金の支出と供用の禁止（第八九条）、政教分離を基本原則にしてきた。

政治家は、国家の機関の一員であり、国民の負担（税金）によってまかなわれている。政治家の靖国神社参拝自体は、一宗教団体である神社への特権を与え、援助・助長することになり、憲法違反である。この点からも総理大臣はもちろん、政治家の靖国参拝は許されない。戦後出発の原点を教訓とすべきではないか。

だが、米国の靖国参拝の牽制《けんせい》をあえて無視し、参拝のチャンスをうかがっていた安倍首相は同年一二月二六日、靖国参拝を強行した。無視されたアメリカは「失望の声明」を発表した。さらに欧州連合（ＥＵ）や各国がこの参拝を批判した。中国・韓国は猛烈に日本政府に抗議し、日本政府の戦争責任、侵略戦争に対する謝罪と反省の誠実な姿勢が、改めて問われることになったのである。

（3）東京裁判に関する〔検定済教科書〕の表現

東京裁判で注目されたのは、天皇の戦争責任と裁判であった。以下にその経過についての記述をみていく。

『日本史三訂版』（三省堂、一九九二年）

「一九四六年五月、極東国際軍事裁判所が東京で開かれ、Ａ級戦犯容疑者二八人が、国際法規に違反して侵略戦争をおこない、平和および人道にたいする罪をおかしたという理由で起訴された。一九四八年二月、元首相東条英機ら七人に死刑、元首相平沼騏一郎ら一六人に終身禁固刑、元外相重光葵ら二人に有期刑が下った」

『日本史Ｂ』（東京書籍、二〇一四年）

「GHQはポツダム宣言にもとづき、九月以降、東条英機元首相ら一〇〇人以上の戦争犯罪人容疑者を逮捕した。戦争全般に対する指導的役割を果たしたA級戦犯の被告として二八人が起訴された。一九四六年五月には、極東国際軍事裁判（東京裁判）が開始された。裁判は一九四八年十一月に終り、東条ら七人が絞首刑となった。東京裁判は、民主化政策の一環として、戦争中に日本国民に秘密にされていた侵略行為を知らせ、軍人が処罰されて、軍国主義の基礎を破壊する重要な役割を果たした。しかし、天皇を裁判から除外したり、原爆など無差別爆撃やアメリカが研究成果を習得した細菌戦などについては、不問とするなどアメリカの世界政策に左右されるものであった」

『詳説日本史B』（山川出版社、二〇一二年）

「戦犯容疑者の逮捕が進むとともに、内外で天皇の戦争責任問題もとり沙汰《ざた》された。しかし、GHQは天皇制廃止がもたらす収拾《しゅうしゅう》しがたい混乱をさけ、むしろ天皇制を占領支配に利用しようとして、天皇を戦犯容疑者に指定しなかった。一九四六（昭和二十一）年元日、いわゆる人間宣言をおこなって〝現御神〟としての天皇の神格をみずから否定した」

『日本史B』（実教出版、二〇一二年）

この裁判に対して「原爆投下など国際連合側の所業は不問とされたため、〝勝者の裁き〟という一面をもち、また旧植民地代表の意見がじゅうぶん反映されないなどの問題点をのこした。しかし侵略戦争の犯罪性を裁き、国際平和の発展に寄与した意義は大きい」

『日本史A』（育鵬社、二〇一二年）

「判決にあたってインドやオランダなど五カ国の裁判官は少数意見を提出しました。その中でインド代表のパール判事は、「復しゅうの欲望を満たすために、たんに法律の手続きをふんだにすぎないようなやり方は、国際正義の観点とは、およそ縁遠い」として全被告を無罪とする意見を述べています。また、捕虜・虐殺などの戦争犯罪に問われた軍人なども横浜やシンガポール、マニラなど各地の裁判所で裁かれ、一〇〇〇人を超える人々が、十分な弁論を受けることもなく死刑に処せられました」

日本は「ポツダム宣言」を受諾するとき「国体護持」、すなわち天皇制護持を最大の条件にした。この天皇制を護《まも》ろうとした「国体護持による敗戦処理が間違いであったのではないか。何が間違いかと言えば、天皇制度を護持したいために、戦争責任があいまいになった」（『日中外交の証言』中江要介著、蒼天社出版）という指摘こそ正しいのではないか。なぜなら、戦争責任を不明確、あいまいなまま処理をして敗戦後の出発点にしたために、それが最近の韓国や中国との関係に多くの問題が生じる原因になっているからだ。

この東京裁判を認めない政治家が、敗戦から七十年たっても存在する。彼らの主張は平和に対する罪、殺人、人道に対する罪という三つの訴因について、「罪刑法定主義に反し、新たに勝手につくった罪で、根拠がなく、それで裁かれるのはおかしいから東条英機などA級戦犯は戦争犯罪人ではない、その上、あの戦争はアジア解放の戦争で、聖戦である」と主張するのである。

日本は「ポツダム宣言」を受諾し、公式に敗戦を認めた。そして「降伏文書」に署名・調印し、国際的に日本の敗戦宣言を表明したのである。さらに「サンフランシスコ平和条約」も調印し、不十分な問題があったが東京裁判を受け入れたのではないか。もし、認めることができないなら、「ポツダム宣言」も無効にし、「サンフランシスコ平和条約」も破棄し、戦争状態に戻るしかない。

11　当面の問題点と歴史の教訓と課題

「新しい歴史教科書をつくる会」の「自由社版教科書」は、歴史を歪曲し、日本国憲法の基本理念を敵視している。この会のねらいは、日本の侵略、罪悪を否定する見解を反映させることにある。

二〇一三年五月二三日、自民党本部で、自民党「教科書検定の在り方特別部会」(約四五名の自民党国会議員が参加)が開かれ、実教出版、東京書籍、教育出版の三社の社長と編集担当役員が呼び出され、日本史教科書の「領土問題」「南京虐殺」「慰安婦問題」「原発問題の是非」、さらに憲法問題や「九条の会」、「年越し派遣村」などが教科書にどう書かれているか、議論になったという。

その中で「南京虐殺の三〇万人説を記述していることを質《ただ》された某社が「南京の虐殺記念館に三〇万人と書かれていることは事実」と言い放ったら」会議室が騒然となったという(『教科書レポート二〇一三年度版』)。これら諸問題についての記述を自粛せよ、という意味の政治介入をし、圧力をかけたのである。

そのねらいは、南京大虐殺に対して、虐殺・暴行の実態を隠ぺいし、数の問題の相違にすりかえることであり、その意図は国際条約である戦時国際法（非戦闘員、捕虜などの人道上の保護を取り決めた一八九九年のハーグ陸戦条約、ジュネーヴ条約は一九〇六年、一九二九年、一九四九年と三度の改訂、一九七七年の追加議定書など）無視の非戦闘員・民衆や捕虜の殺戮、非人道的行為、虐殺否定・罪悪逃れにある。

教科書検定の意見は、政府の見解を書きこませる傾向が一段と強まってきている。教科書検定の実態はどうか。二〇一三年三月に検定の結果をまとめた『教科書レポート No. 56』によれば、高等学校高学年向けの教科書「地理歴史および公民の社会科」は、調査官の「調査意見」がそのまま審議会の「検定意見」と同意見となった部分は平均九二・六％になり、極めて高い。

その結果、教科書づくりの現場では、執筆者の意図とかけ離れていても、修正するくらいなら、検定申請以前の原稿段階で「合格可能内容」（自主規制）にしておけば、時間的にも早く検定決定（合格）をもらえるという側面は、教科書会社側にとって否定できないと言われている。また、各自治体における教科書採択は、教育現場の選定にもとづいて採択されてきた。ところが、東京都教育委員会、横浜市教育委員会、大阪府教育委員会などでは、教科書採択（右翼的記述の教科書）の強制が公然となされるようになった。

二〇一三年、東京都教育委員会は二〇一四年度使用の高校教科書の中で、実教出版（平成二四年発行、文部省検定済）の『日本史A』『日本史B』の「使用は適当でない」と、事実上の不採択の方針を打ち出した。

その理由として、教科書の脚注記述「国旗・国歌成立後、学校などでは、日の丸の掲揚・君が代斉唱が徹底させられ、内心の自由の保障が問題となっている」の箇所を特定し、「都教育委員会の考えと異なり、使用は適切でない」として、各都立高校長に通告し、その教科書の事実上の使用禁止措置をおこなったのである。これは、現場の自主的な教科書選択権を奪う、教育への不当な介入であり、出版の自由の妨害でもある。

また二〇一一年、沖縄県八重山地区竹富町は、「採択地区協議会」が決めた育鵬《いくほう》社発行の中学公民教科書を使用せず、東京書籍版を選んだ。教科書は無償であるべきだが、町は自費で東京書籍版を購入し、使用した。これに対し、文部科学省は竹富町に「採択地区協議会」の採択に従うよう強要している。

この一連の背景には、安倍政権が二〇一三年に「教育再生実行会議」を設置し、教育・

新課程の 2012、2013、2014 年度『高校日本史 B』出版社別占有率（%）
（『教科書レポート』No.55 ～ 57 より）

	2012 年度	2013 年度	2014 年度
山川出版社	68.0	68.7	77.4
実教出版	13.5	11.5	8.9
東京書籍	11.6	11.7	10.4
その他 2 社	7.9	8.1	3.3

＊新課程教科書は改訂学習指導要領（新課程と表記）に準拠した教科書。2013 年度からスタート（2012 年夏に採択）、旧課程は 2015 年度で終了する。それまでは新課程と旧課程が併存する。

教科書の国家介入を強めていることがある。「教育再生実行会議」は、「多くの教科書に、いまだに自虐史観に立つなど偏向した記述が存在」すると断定し、それらの教科書の一掃をもくろんでいる。その上には「新しい教科書をつくる会」（通称「つくる会」）系の『育鵬社』『自由社』やそれに近い『扶桑社』などの右翼的内容の教科書の採択を容易にさせようという意図がみえみえである。

教科書は学校や市町村が現場の教員の判断にもとづいて自主的に選択すべきものである。国は政治介入すべきでない。さらに、安倍政権は、いま教育委員会がもっている一般行政から独立した教育行政の決定権を教育長に集中させ、教育行政は首長と教育長でおこなえるようにしようとしている。首長に権限を集中しても、教育がよくなることはない。学校教育の自主性、多様性を阻み、国の介入を拡大するだけである。

前頁の表をみると二〇一四年度用の高等学校教科書の採択結果で明らかなように、トップの山川出版社は、前年度より八・七％シェアを伸ばした。他方、実教出版は前年度より二・六％減少した。

前述したように、この背景には、東京都教育委員会（都教委）、大阪府教育委員会などが、実教出版『高校日本史Ｂ』の側注記述は「都教委の考えと相容《あいい》れない」との見解を各校長に働きかけて、不採択するよう介入を行った。二〇一四年度も同様の動きが続いた。以前には五校の都立高校が採択した実教版は、二〇一三年、一四年度用の採択はゼロになった。

都教委による特定の「検定済」日本史教科書を選ぶな、使うなの学校現場への圧力が、不採択に大きく影響を与えていることが、前頁の表に示されている。

[主な参考文献]

【高等学校教科書の関係】
三省堂『高校日本史　改訂版』一九八七年
三省堂『世界史』一九九二年
三省堂『日本史　三訂版』一九九三年
三省堂『新日本史　四訂版』一九九三年
実教出版『高校日本史』一九八一年
実教出版『日本史　三訂版』一九八八年
実教出版『高校日本史B　新訂版』二〇一〇年
実教出版『日本史B　新訂版』二〇一三年
実教出版『日本史B』二〇一三年
実教出版『新日本史A』二〇一四年
秀英出版『日本史　三訂版』一九六二年
清水書院『基本　世界史A　改訂版』一九六六年
清水書院『詳解　日本史B　改訂版』二〇一二年
清水書院『中学社会　日本の歴史と世界』一九六一年
帝国書院『新詳　高等地図』一九六五年
第一学習社『日本史史料集成』一九九〇年
原書房『新編日本史　改訂版』一九八八年
山川出版社『日本の歴史　新版』一九八一年
山川出版社『日本史　再訂版』一九八一年
山川出版社『新詳説　日本史』一九八八年
山川出版社『日本史　再訂版』二〇〇五年
山川出版社『詳説　世界史　改訂版』二〇一二年
山川出版社『新詳説　日本史　改訂版』二〇一二年
編集委員会・出版労連『教科書レポートNO．55　二〇一二』二〇一二年
編集委員会・出版労連『教科書レポートNO．56　二〇一三』二〇一三年
編集委員会・出版労連『教科書レポートNO．57　二〇一四』二〇一五年

【昭和史の関係】
阿部牧郎『勇断の外相　重光葵』新潮社　一九九

七年
石川達三『生きている兵隊』昭和文学全集11　小学館　一九八八年
石川達三『生きている兵隊（伏字復元版）』中央公論新社　一九九九年
岩根承成「高崎第百十五連隊の『戦闘詳報』―日中戦争下の南京攻略戦―」高崎市研究第十二号　平成十二年二月
伊藤隆『日本の歴史30　十五年戦争』小学館　一九七六年
王秦平『国際シンポジウム史料集』日本日中関係学会　二〇一三年
大岡雄一郎『東京裁判　フランス人判事の無罪論』文春新書　二〇一二年
チャールズ・ミー『日本の運命を決めた17日間』大前正臣訳　徳間書店　一九七五年
加藤陽子『満州事変から日中戦争へ』シリーズ日本近現代5、岩波新書　二〇〇七年
河辺虎四郎『河辺虎四郎回想録』毎日新聞社　一九七九年
加藤実『「南京大虐殺」生存者証言集』南京大学出版社　一九九九年
木戸幸一『木戸幸一日記』（下）東京大学出版会　一九六六年
チャールズ・W・スウィーニー『私はヒロシマ、ナガサキに原爆を投下した』黒田剛訳　原書房　二〇〇〇年
五百旗頭真『日本の近代6　戦争　占領・講和1941～1955』中央公論新社　二〇〇一年
国家基本問題同志会『国家基本問題同志会　ニッポンどうする　挑戦する三十六人』大西書店　一九八七年
迫水久常『機関銃下の首相官邸』恒文社　一九六四年
参謀本部編『敗戦の記録』原書房　二〇〇五年
朱成山『南京大虐殺図録』五州伝播出版社　二〇

○五年
重光葵『重光葵外交回想録』毎日新聞社　一九七八年
重光葵『重光葵手記』伊藤隆編　中央公論社　一九八八年
秦　風『抗戦—瞬間』広西師範大学出版社　二〇〇五年
張憲文・曾大臣『図説中国抗日戦争史一九三一—一九四五』学林出版社　二〇〇五年
ダグラス・マッカーサー『マッカーサー大戦回顧録』津島一夫訳　中公文庫　二〇一四年
ルイス・スナイダー『アドルフ・ヒトラー』永井淳訳　角川文庫　一九七〇年
中江要介『日本外交の証言』蒼天社出版　二〇〇八年
半藤一利『昭和史　1962—1945』平凡社　二〇〇四年
半藤一利『聖断　昭和天皇と鈴木貫太郎』PHP文庫　二〇〇六年
半藤一利・加藤陽子『昭和史裁判』文藝春秋　二〇一一年
福冨健一『重光葵　連合軍に最も恐れられた男』講談社　二〇一一年
防衛庁防衛研修所戦史室『大本営陸軍部10』戦史叢書81　朝雲新聞社　一九七五年
牧野喜久男『一億人の昭和史3　日本の戦史　日中戦争1』毎日新聞社　一九七九年
孫崎　享『日本の国境問題　尖閣・竹島・北方領土』ちくま新書　二〇一一年
村田忠禧『日中領土問題の起源　公文書が語る不都合な真実』花伝社　二〇一三年
山極晃ほか『資料　マンハッタン計画』大月書店　一九九三年
アルチュール・コント『ヤルタ会談＝世界の分割』山口峻章訳　サイマル出版会　一九八六年
山田朗『日本は過去とどう向き合ってきたか』高

文研　二〇一三年
吉田裕・森茂樹『アジア・太平洋戦争』戦争日本史23　吉川弘文館　二〇〇七年
ハリー・S・トルーマン『トルーマン回顧録Ｉ・Ⅱ』堀江芳孝訳　恒文社　一九六六年
渡辺行男『重光葵　上海事変から国連加盟まで』中公新書　一九九六年
「Will」二〇〇五年七月号　ワック株式会社
「金陵晩報」金陵晩報社　二〇一三年一二月一三日号、一四日号
「揚子晩報」南京揚子晩報社　二〇一四年一二月一一日号
「人民日報海外版」人民日報社　二〇一四年三月一七日号
「週刊東洋経済」特集・ビジネスマンのための歴史問題　二〇一四年九月二七日号　東洋経済新報社
昭文社『日本分県地図』一九八三年

【史料1】「カイロ宣言」（日本国ニ関スル英米華三国宣言）

（一九四三年十一月二十七日 カイロで署名）

「ローズヴェルト」大統領、蔣介石大元帥及「チャーチル」総理大臣ハ各自ノ軍事及外交顧問ト共ニ北「アフリカ」ニ於テ会議ヲ終了シ左ノ一般的声明発セラレタリ

「各軍事使節ハ日本国ニ対スル将来ノ軍事行動ヲ協定セリ

三大同盟国ハ海路、陸路オヨビ空路ニヨリソノ野蛮ナル敵国ニ假借ナキ弾圧ヲ加フルノ決意ヲ表明セリ右弾圧ハ既ニ増大シツツアリ

三大同盟国ハ日本国ノ侵略ヲ制止シ且コレヲ罰スル為今次ノ戦争ヲ為シツツアルモノナリ右同盟国ハ自国ノタメニ何等ノ利得ヲモ欲求スルモノニ非ズ又領土拡張ノ何等ノ念ヲモ有スルモノニ非ズ

右同盟国ノ目的ハ日本国ヨリ千九百十四年ノ第一次世界戦争ノ開始以後ニ於テ日本国ガ奪取シ又ハ占領シタル太平洋ニ於ケル一切ノ島嶼ヲ剝奪スルコト並ニ満洲、台湾及澎湖島ノ如キ日本国ガ清国人ヨリ盗取シタル一切ノ地域ヲ中華民国ニ返還スルコトニ在リ

日本国ハ又暴力及貧欲ニ依リ日本国ガ略取シタル他ノ一切ノ地域ヨリ駆逐セラルベシ

前記三大国ハ朝鮮ノ人民ノ奴隷状態ニ留意シ軈テ朝鮮ヲ自由且独立ノモノタラシムルノ決意ヲ

有ス
右ノ目的ヲ以テ右三同盟国ハ同盟諸国中日本国ト交戦中ナル諸国ト協調シ日本国ノ無條件降伏ヲ斉スニ必要ナル重大且長期ノ行動ヲ続行スベシ」

〔出典：外務省外交史料館、一九六六年〕

カイロ宣言（口語訳）

「ローズヴェルト」大統領、蔣介石大元帥、および、「チャーチル」総理大臣は、各自の軍事および外交顧問と共に北「アフリカ」において会議を終了した。

以下の包括的声明を発表した。

「各軍事使節は日本国に対する将来の軍事行動を協定した。三大同盟国は、海路陸路および空路によりその野蛮な敵国に対して仮借なき弾圧を加える決意を表明した。この弾圧はすでに増大しつつある。

三大同盟国は、日本国の侵略を制止し、なおかつこれを罰するため、今次の戦争を為《な》しつつある。この同盟国は自国のために何らの利得をも欲求するものではなく、また領土拡張の何らの念をも有するものではない。この同盟国の目的は、日本国から、一九一四年の第一次世界戦争も開始以後において日本国が奪取し、あるいは占領した、太平洋における一切の島嶼《とうしょ》〔＝島々〕を剥奪すること、ならびに満洲、台湾および澎湖《ほうこ》島のように日本国が清国人から盗取した一切の地域を、中華民国に返還することに在る。日本国はまた、暴力および貪欲によって日本国が略取した他の一切の地域から駆逐されねばならない。前記の三大国は、朝鮮の人民の奴隷状態に留意し、やがて朝鮮を自由かつ独立のものとする決意を有する。

これらの目的をもって、同盟三国は、連合諸国〔the United Nations〕のうち日本国と交戦中の諸国と協調して、日本国の無条件降伏をもたらすのに必要な重大かつ長期の行動を続行する決意である。」

【史料2】「ヤルタ秘密協定」（一九四五年二月十一日）

三大国即チ「ソヴィエト」連邦、「アメリカ」合衆国及英国ノ指導者ハ「ドイツ」国ガ降伏シ且「ヨーロッパ」ニ於ケル戦争ガ終結シタル後二月又ハ三月ヲ経テ「ソヴィエト」連邦ガ左ノ条件ニ依リ聯合国ニ与シテ日本国ニ対スル戦争ニ参加スベキコトヲ協定セリ

一　外蒙古（蒙古人民共和国）ノ現状ハ維持セラルベシ

二　千九百四年ノ日本国ノ背信的攻撃ニ依リ侵害セラレタル「ロシア」国ノ旧権利ハ左ノ如ク回復セラルベシ

（甲）樺太ノ南部及之ニ隣接スル一切ノ島嶼ハ「ソヴィエト」連邦ニ返還セラルベシ

（乙）大連商港ニ於ケル「ソヴィエト」連邦ノ優先的利益ハ之ヲ擁護シ該港ハ国際化セラルベク又「ソヴィエト」社会主義共和国連邦ノ海軍基地トシテノ旅順口ノ租借権ハ回復セラルベシ

（丙）東清鉄道及大連ニ出口ヲ供与スル南満州鉄道ハ中「ソ」合弁会社ノ設立ニ依リ共同ニ運営セラルベシ但シ「ソヴィエト」連邦ノ優先的利益ハ保障セラレ又中華民国ハ満洲ニ於ケル完全ナル主権ヲ保有スルモノトス

三　千島列島ハ「ソヴィエト」連邦ニ引渡サルベシ

前記ノ外蒙古竝ニ港湾及鉄道ニ関スル協定ハ蔣介石総帥ノ同意ヲ要スルモノトス大統領ハ「スターリン」元帥ヨリノ通知ニ依リ右同意ヲ得ル為措置ヲ執ルモノトス

三大国ノ首班ハ「ソヴィエト」連邦ノ右要求ガ日本国ノ敗北シタル後ニ於テ確実ニ満足セシメラルベキコトヲ協定セリ

「ソヴィエト」連邦ハ中華民国ヲ日本国ノ羈絆ヨリ解放スル目的ヲ以テ自己ノ軍隊ニ依リ之ニ援助ヲ与フル為「ソヴィエト」社会主義共和国連邦中華民国間友好同盟条約ヲ中華民国国民政府ト締結スル用意アルコトヲ表明ス

〔出典：『日本外交主要文書・年表（1）』条約集第二四集第四巻、一九六六年〕

ヤルタ秘密協定（口語訳）

一九四五年二月の「ヤルタ」会談において作成

一九四六年二月一一日、米国国務省より発表

三大国すなわち「ソヴィエト」連邦、「アメリカ」合衆国、および英国の指揮者は、「ドイツ」国が降伏し、なおかつ「ヨーロッパ」における戦争が終結した後、二ヵ月または三ヵ月を経て「ソヴィエト」連邦が以下の条件により連合国に与《くみ》して日本に対する戦争に参加することを協定した。

一、外蒙古（蒙古人民共和国）の現状は維持することとする。

二、一九〇四年の日本国の背信的攻撃により侵害された「ロシア」国の旧権利は、下記のように回復されるものとする。

（イ）樺太の南部およびこれに隣接する一切の島嶼は「ソヴィエト」連邦に返還されるものとする。

（ロ）大連商港における「ソヴィエト」連邦の優先的利益を擁護しながらも、この港を国際化するものとし、また「ソヴィエト」社会主義共和国連邦の海軍基地としての旅順口の租借権は回復されるものとする。

（ハ）東清鉄道および大連に出口を供与する南満洲鉄道は、中「ソ」合弁会社の設立により共同で運営されるものとする。但し、「ソヴィエト」連邦の優先的利益は保障され、また中華民国は満洲における完全なる主権を保有するものとする。

三、千島列島は「ソヴィエト」連邦に引き渡されるものとする。

前記の、外蒙古ならびに港湾および鉄道に関する協定は、蔣介石総帥の同意を要するものとする。大統領は、「スターリン」元帥からの忠告に従って、この同意を得るための措置を執るものとする。

三大国の首班は、「ソヴィエト」連邦の上記の諸要求が、日本国が敗北した後には疑問の余地なく実現されることを、協定した。

「ソヴィエト」連邦は、中華民国を日本国の軛《くびき》から解放する目的をもって、自己の軍隊によって中華民国に援助を与えるために、「ソヴィエト」社会主義共和国連邦中華民国友好同盟条約を、中華民国の国民政府と締結する用意があることを表明する。

ヨシフ・スターリン

フランクリン・ディー・ルーズヴェルト

ウィンストン・エス・チャーチル

一九四五年二月一一日

【史料3】「ポツダム宣言」（一九四五年七月二六日）

米、英、支三国宣言（千九百四十五年七月二十六日「ポツダム」ニ於テ）

一、吾等合衆国大統領、中華民国政府主席及「グレート・ブリテン」国総理大臣ハ吾等ノ数億ノ国民ヲ代表シ協議ノ上日本国ニ対シ今次ノ戦争ヲ終結スルノ機会ヲ与フルコトニ意見一致セリ

二、合衆国、英帝国及中華民国ノ巨大ナル陸、海、空軍ハ西方ヨリ自国ノ陸軍及空軍ニ依ル数倍ノ増強ヲ受ケ日本国ニ対シ最後的打撃ヲ加フルノ態勢ヲ整ヘタリ右軍事力ハ日本国カ抵抗ヲ終止スルニ至ル迄同国ニ対シ戦争ヲ遂行スルノ一切ノ連合国ノ決意ニ依リ支持セラレ且鼓舞セラレ居ルモノナリ

三、蹶起セル世界ノ自由ナル人民ノ力ニ対スル「ドイツ」国ノ無益且無意義ナル抵抗ノ結果ハ日本国国民ニ対スル先例ヲ極メテ明白ニ示スモノナリ現在日本国ニ対シ集結シツツアル力ハ抵抗スル「ナチス」ニ対シ適用セラレタル場合ニ於テ全「ドイツ」国人民ノ土地、産業及生活様式ヲ必然的ニ荒廃ニ帰セシメタル力ニ比シ測リ知レサル程更ニ強大ナルモノナリ吾等ノ決意ニ支持セラルル吾等ノ軍事力ノ最高度ノ使用ハ日本国軍隊ノ不可避且完全ナル壊滅ヲ意味スヘク又同様必然的ニ日本国本土ノ完全ナル破壊ヲ意味スヘシ

四、無分別ナル打算ニ依リ日本帝国ヲ滅亡ノ淵ニ陥レタル我儘ナル軍国主義的助言者ニ依リ日本国カ引続キ統御セラルヘキカ又ハ理性ノ経路ヲ日本国カ履ムヘキカヲ日本国カ決意スヘキ時期ハ到来セリ

五、吾等ノ条件ハ左ノ如シ

吾等ハ右条件ヨリ離脱スルコトナカルヘシ右ニ代ル条件存在セス吾等ハ遅延ヲ認ムルヲ得ス

六、吾等ハ無責任ナル軍国主義カ世界ヨリ駆逐セラルルニ至ル迄ハ平和、安全及正義ノ新秩序カ生シ得サルコトヲ主張スルモノナルヲ以テ日本国国民ヲ欺瞞シ之ヲシテ世界征服ノ挙ニ出ツルノ過誤ヲ犯サシメタル者ノ権力及勢力ハ永久ニ除去セラレサルヘカラス

七、右ノ如キ新秩序カ建設セラレ且日本国ノ戦争遂行能力カ破砕セラレタルコトノ確証アルニ至ルマテハ聯合国ノ指定スヘキ日本国領域内ノ諸地点ハ吾等ノ茲ニ指示スル基本的目的ノ達成ヲ確保スルタメ占領セラルヘシ

八、「カイロ」宣言ノ条項ハ履行セラルヘク又日本国ノ主権ハ本州、北海道、九州及四国並ニ吾等ノ決定スル諸小島ニ局限セラルヘシ

九、日本国軍隊ハ完全ニ武装ヲ解除セラレタル後各自ノ家庭ニ復帰シ平和的且生産的ノ生活ヲ営ムノ機会ヲ得シメラルヘシ

十、吾等ハ日本人ヲ民族トシテ奴隷化セントシ又ハ国民トシテ滅亡セシメントスルノ意図ヲ有スルモノニ非サルモ吾等ノ俘虜ヲ虐待セル者ヲ含ム一切ノ戦争犯罪人ニ対シテハ厳重ナル処罰加ヘラルヘシ日本国政府ハ日本国国民ノ間ニ於ケル民主主義的傾向ノ復活強化ニ対スル一切ノ障礙ヲ除去スヘシ言論、宗教及思想ノ自由並ニ基本的人権ノ尊重ハ確立セラルヘシ

十一、日本国ハ其ノ経済ヲ支持シ且公正ナル実物賠償ノ取立ヲ可能ナラシムルカ如キ産業ヲ維持スルコトヲ許サルヘシ但シ日本国ヲシテ戦争ノ為再軍備ヲ為スコトヲ得シムルカ如キ産業ハ此ノ限ニ在ラス右目的ノ為原料ノ入手（其ノ支配トハ之ヲ区別ス）ヲ許可サルヘシ日本国ハ将来世界

貿易関係ヘノ参加ヲ許サルヘシ
十二、前記諸目的カ達成セラレ且日本国国民ノ自由ニ表明セル意思ニ従ヒ平和的傾向ヲ有シ且責任アル政府カ樹立セラルルニ於テハ聯合国ノ占領軍ハ直ニ日本国ヨリ撤収セラルヘシ
十三、吾等ハ日本国政府カ直ニ全日本国軍隊ノ無条件降伏ヲ宣言シ且右行動ニ於ケル同政府ノ誠意ニ付適当且充分ナル保障ヲ提供センコトヲ同政府ニ対シ要求ス右以外ノ日本国ノ選択ハ迅速且完全ナル壊滅アルノミトス

〔出典：外務省編『日本外交年表並主要文書』下巻、一九六六年〕

【史料4】「終戦の詔書」（一九四五年八月一四日）

朕深ク世界ノ大勢ト帝国ノ現状トニ鑑ミ非常ノ措置ヲ以テ時局ヲ収拾セムト欲シ茲ニ忠良ナル爾臣民ニ告ク
朕ハ帝国政府ヲシテ米英支蘇四国ニ対シ其ノ共同宣言ヲ受諾スル旨通告セシメタリ
抑々帝国臣民ノ康寧ヲ図リ万邦共栄ノ楽ヲ偕ニスルハ皇祖皇宗ノ遺範ニシテ朕ノ拳々惜カサル所曩ニ米英二国ニ宣戦セル所以モ亦実ニ帝国ノ自存ト東亜ノ安定トヲ庶幾スルニ出テ他国ノ主権ヲ排シ領土ヲ侵スカ如キハ固ヨリ朕カ志ニアラス然ルニ交戦已ニ四歳ヲ閲シ朕カ陸海将兵ノ勇戦

朕カ百僚有司ノ励精朕カ一億衆庶ノ奉公各々最善ヲ尽セルニ拘ラス戦局必スシモ好転セス世界ノ大勢亦我ニ利アラス加之敵ハ新ニ残虐ナル爆弾ヲ使用シテ頻ニ無辜ヲ殺傷シ惨害ノ及フ所真ニ測ルヘカラサルニ至ル而モ尚交戦ヲ継続セムカ終ニ我カ民族ノ滅亡ヲ招来スルノミナラス延テ人類ノ文明ヲモ破却スヘシ斯ノ如クムハ朕何ヲ以テカ億兆ノ赤子ヲ保シ皇祖皇宗ノ神霊ニ謝セムヤ是レ朕カ帝国政府ヲシテ共同宣言ニ応セシムルニ至レル所以ナリ

朕ハ帝国ト共ニ終始東亜ノ解放ニ協力セル諸盟邦ニ対シ遺憾ノ意ヲ表セサルヲ得ス帝国臣民ニシテ戦陣ニ死シ職域ニ殉シ非命ニ斃レタル者及其ノ遺族ニ想ヲ致セハ五内為ニ裂ク且戦傷ヲ負イ災禍ヲ蒙リ家業ヲ失ヒタル者ノ厚生ニ至リテハ朕ノ深ク軫念スル所ナリ惟フニ今後帝国ノ受クヘキ苦難ハ固ヨリ尋常ニアラス爾臣民ノ衷情モ朕善ク之ヲ知ル然レトモ朕ハ時運ノ趨ク所堪ヘ難キヲ堪ヘ忍ヒ難キヲ忍ヒ以テ万世ノ為ニ太平ヲ開カムト欲ス

朕ハ茲ニ国体ヲ護持シ得テ忠良ナル爾臣民ノ赤誠ニ信倚シ常ニ爾臣民ト共ニ在リ若シ夫レ情ノ激スル所濫ニ事端ヲ滋クシ或ハ同胞排擠互ニ時局ヲ乱リ為ニ大道ヲ誤リ信義ヲ世界ニ失フカ如キハ朕最モ之ヲ戒ム宜シク挙国一家子孫相伝ヘ確ク神州ノ不滅ヲ信シ任重クシテ道遠キヲ念ヒ総力ヲ将来ノ建設ニ傾ケ道義ヲ篤クシ志操ヲ鞏クシ誓テ国体ノ精華ヲ発揚シ世界ノ進運ニ後レサラムコトヲ期スヘシ爾臣民其レ克ク朕カ意ヲ体セヨ

御名御璽

昭和二十年八月十四日

内閣総理大臣　男爵　鈴木貫太郎　海軍大臣　米内光政　司法大臣　松阪広政　陸軍大臣　阿南惟幾　軍需大臣　豊田貞次郎　厚生大臣　岡田忠彦　国務大臣　桜井兵五郎　国務大臣　左近司政三　国務大臣　下村宏　大蔵大臣　広瀬豊作　文部大臣　太田耕造　農商大臣　石黒忠篤　内務大臣　安倍源基　外務大臣兼大東亜大臣　東郷茂徳　国務大臣　安井藤治　運輸大臣　小日山直登

（出典：『日本外交主要文書・年表（1）』官報）

【史料5】「降伏文書」（昭和二十（一九四五）年九月二日東京湾上ニ於テ署名）

下名ハ茲ニ合衆国、中華民国及「グレート、ブリテン」国ノ政府ノ首班ガ千九百四十五年七月二十六日「ポツダム」ニ於テ発シ後ニ「ソヴィエト」社会主義共和国聯邦ガ参加シタル宣言ノ条項ヲ日本国天皇、日本国政府及日本帝国大本営ノ命ニ依リ且之ニ代リ受諾ス右四国ハ以下之ヲ聯合国ト称ス（筆者注、第一項。以下同）

下名ハ茲ニ日本帝国大本営並ニ何レノ位置ニ在ルヲ問ハズ一切ノ日本国軍隊及日本国ノ支配下ニ在ル一切ノ軍隊ノ連合国ニ対スル無条件降伏ヲ布告ス（第二項）

下名ハ茲ニ何レノ位置ニ在ルヲ問ハズ一切ノ日本国軍隊及日本国臣民ニ対シ敵対行為ヲ直ニ終

止スルコト、一切ノ船舶、航空機並ニ軍用及非軍用財産ヲ保存シ之ガ毀損ヲ防止スルコト及連合国最高令官又ハ其ノ指示ニ基キ日本国政府ノ諸機関ノ課スベキ一切ノ要求ニ応ズルコトヲ命ズ（第三項）

下名ハ茲ニ日本帝国大本営ガ何レノ位置ニ在ルヲ問ハズ一切ノ日本国軍隊及日本国ノ支配下ニ在ル一切ノ軍隊ノ指揮官ニ対シ自身及其ノ支配下ニ在ル一切ノ軍隊ガ無条件ニ降伏スベキ旨ノ命令ヲ直ニ発スルコトヲ命ズ（第四項）

下名ハ茲ニ一切ノ官庁、陸軍及海軍ノ職員ニ対シ連合国最高司令官ガ本降伏実施ノ為適当ナリト認メテ自ラ発シ又ハ其ノ委任ニ基キ発セシムル一切ノ布告、命令及指示ヲ遵守シ且之ヲ施行スルコトヲ命ジ並ニ右職員ガ連合国最高司令官ニ依リ又ハ其ノ委任ニ基キ特ニ任務ヲ解カレザル限リ各自ノ地位ニ留リ且引続キ各自ノ非戦闘的任務ヲ行フコトヲ命ズ（第五項）

下名ハ茲ニ「ポツダム」宣言ノ条項ヲ誠実ニ履行スルコト並ニ右宣言ヲ実施スル為連合国最高司令官又ハ其ノ他特定ノ連合国代表者ガ要求スルコトアルベキ一切ノ命令ヲ発シ且斯ル一切ノ措置ヲ執ルコトヲ天皇、日本国政府及其ノ後継者ノ為ニ約ス（第六項）

下名ハ茲ニ日本帝国政府及日本帝国大本営ニ対シ現ニ日本国ノ支配下ニ在ル一切ノ連合国俘虜及被抑留者ヲ直ニ解放スルコト並ニ其ノ保護、手当、給養及指示セラレタル場所ヘノ即時輸送ノ為ノ措置ヲ執ルコトヲ命ズ（第七項）

天皇及日本国政府ノ国家統治ノ権限ハ本降伏条項ヲ実施スル為適当ト認ムル措置ヲ執ル連合国

最高司令官ノ制限ノ下ニ置カルルモノトス（第八項）
千九百四十五年九月二日「アイ、タイム」午前九時四分日本国東京湾上ニ於テ署名ス
大日本帝国天皇陛下及日本国政府ノ命ニ依リ且其ノ名ニ於テ
重光葵
日本帝国大本営ノ命ニ依リ且其ノ名ニ於テ
梅津美治郎
千九百四十五年九月二日「アイ、タイム」午前九時八分日本国東京湾上ニ於テ合衆国、中華民国聯合王国及「ソヴィエト」社会主義共和国聯邦ノ為ニ並ニ日本国ト戦争状態ニ在ル他ノ聯合諸国家ノ利益ノ為ニ受諾ス
連合国最高司令官　ダグラス、マックアーサー
合衆国代表者　シー、ダブリュー、ニミッツ
中華民国代表者　徐永昌
連合王国代表者　ブルース、フレーザー
「ソヴィエト」社会主義共和国聯邦代表者　カー、デレヴヤンコ
「オーストラリア」連邦代表者　ティー、エー、ブレーミー
「カナダ」代表者　エル、ムーア、コスグレーヴ
「フランス」国代表者　ル、クレール
「オランダ」国代表者　セイ、エイ、ヘルフリッチ
「ニュー、ジーランド」代表者　エル、エム、イシット

〔出典：外務省編『日本占領及び管理重要文書集』第一巻、一九四九年〕

【史料6】「サンフランシスコ平和条約」（日本国との平和条約）

［場所］　サンフランシスコ　［年月日］　一九五一年九月八日

［全文］

連合国及び日本国は、両者の関係が、今後、共通の福祉を増進し且つ国際の平和及び安全を維持するために主権を有する対等のものとして友好的な連携の下に協力する国家の間の関係でなければならないことを決意し、よって、両者の間の戦争状態の存在の結果として今なお未決である問題を解決する平和条約を締結することを希望するので、

日本国としては、国際連合への加盟を申請し且つあらゆる場合に国際連合憲章の原則を遵守し、世界人権宣言の目的を実現するために努力し、国際連合憲章第五十五条及び第五十六条に定められ且つ既に降伏後の日本国の法制によつて作られはじめた安定及び福祉の条件を日本国内に創造するために努力し、並びに公私の貿易及び通商において国際的に承認された公正な慣行に従う意思を宣言するので、

連合国は、前項に掲げた日本国の意思を歓迎するので、

よって、連合国及び日本国は、この平和条約を締結することに決定し、これに応じて下名の全

権委員を任命した。これらの全権委員は、その全権委任状を示し、それが良好妥当であると認められた後、次の規定を協定した。

第一章　平和

第一条　（a）　日本国と各連合国との間の戦争状態は、第二十三条の定めるところによりこの条約が日本国と当該連合国との間に効力を生ずる日に終了する。

（b）　連合国は、日本国及びその領水に対する日本国民の完全な主権を承認する。

第二章　領域

第二条　（a）日本国は、朝鮮の独立を承認して、済州島、巨文島及び鬱陵島を含む朝鮮に対するすべての権利、権原及び請求権を放棄する。

（b）日本国は、台湾及び澎湖諸島に対するすべての権利、権原及び請求権を放棄する。

（c）日本国は、千島列島並びに日本国が千九百五年九月五日のポーツマス条約の結果として主権を獲得した樺太の一部及びこれに近接する諸島に対するすべての権利、権原及び請求権を放棄する。

（d）日本国は、国際連盟の委任統治制度に関連するすべての権利、権原及び請求権を放棄し、且つ、以前に日本国の委任統治の下にあつた太平洋の諸島に信託統治制度を及ぼす千九百四十七年四月二日の国際連合安全保障理事会の行動を受諾する。

（e）日本国は、日本国民の活動に由来するか又は他に由来するかを問わず、南極地域のいずれの部分に対する権利若しくは権原又はいずれの部分に関する利益についても、すべての請求権を放棄する。

（f）　日本国は、新南群島及び西沙群島に対するすべての権利、権原及び請求権を放棄する。

第三条　日本国は、北緯二十九度以南の南西諸島（琉球諸島及び大東諸島を含む。）孀婦岩の南の南方諸島（小笠原群島、西之島及び火山列島を含む。）並びに沖の鳥島及び南鳥島を合衆国を唯一の施政権者とする信託統治制度の下におくこととする国際連合に対する合衆国のいかなる提案にも同意する。このような提案が行われ且つ可決されるまで、合衆国は、領水を含むこれらの諸島の領域及び住民に対して、行政、立法及び司法上の権力の全部及び一部を行使する権利を有するものとする。

第四条（略）

第三章　安全

第五条（a）　日本国は、国際連合憲章第二条に掲げる義務、特に次の義務を受諾する。

（i）その国際紛争を、平和的手段によつて国際の平和及び安全並びに正義を危うくしないように解決すること。

（ii）その国際関係において、武力による威嚇又は武力の行使は、いかなる国の領土保全又は政治的独立に対するものも、また、国際連合の目的と両立しない他のいかなる方法によるものも慎むこと。

（iii）国際連合が憲章に従つてとるいかなる行動についても国際連合にあらゆる援助を与え、且つ、国際連合が防止行動又は強制行動をとるいかなる国に対しても援助の供与を慎むこと。

（b） 連合国は、日本国との関係において国際連合憲章第二条の原則を指針とすべきことを確認する。

（c） 連合国としては、日本国が主権国として国際連合憲章第五十一条に掲げる個別的又は集団的自衛の固有の権利を有すること及び日本国が集団的安全保障取極を自発的に締結することができることを承認する。

第六条（a） 連合国のすべての占領軍は、この条約の効力発生の後なるべくすみやかに、且つ、いかなる場合にもその後九十日以内に、日本国から撤退しなければならない。但し、この規定は、一又は二以上の連合国を一方とし、日本国を他方として双方の間に締結された若しくは締結される二国間若しくは多数国間の協定に基く、又はその結果としての外国軍隊の日本国の領域における駐とん又は駐留を妨げるものではない。

（b） 日本国軍隊の各自の家庭への復帰に関する千九百四十五年七月二十六日のポツダム宣言の第九項の規定は、まだその実施が完了されていない限り、実行されるものとする。

（c） まだ代価が支払われていないすべての日本財産で、占領軍の使用に供され、且つ、この条約の効力発生の時に占領軍が占有しているものは、相互の合意によって別段の取極が行われない限り、前期の九十日以内に日本国政府に返還しなければならない。

第四十政治及び経済事項第七～第十条までありません

第十一条　日本国は、極東国際軍事裁判所並びに日本国内及び国外の他の連合国戦争犯罪法廷の裁判を受諾し、且つ、日本国で拘禁されている日本国民にこれらの法廷が課した刑を執行するものとする。これらの拘禁されている物を赦免し、減刑し、及び仮出獄させる権限は、各事件について刑を課した一又は二以上の政府の決定及び日本国の勧告に基く場合の外、行使することができない。極東国際軍事裁判所が刑を宣告した者については、この権限は、裁判所に代表者を出した政府の過半数の決定及び日本国の勧告に基く場合の外、行使することができない。

第十二～二七条（略）

〔出典：日本外交主要文書・年表（1）、一九五二年〕

【史料7】「日中共同声明」（日本国政府と中華人民共和国政府の共同声明）

〔場所〕北京〔年月日〕一九七二年九月二十九日

日本国内閣総理大臣田中角栄は、中華人民共和国国務院総理周恩来の招きにより、一九七二年九月二十五日から九月三十日まで、中華人民共和国を訪問した。田中総理大臣には大平正芳外務大臣、二階堂進内閣官房長官その他の政府職員が随行した。

毛沢東主席は、九月二十七日に田中角栄総理大臣と会見した。双方は、真剣かつ友好的な話合いを行った。

田中総理大臣及び大平外務大臣と周恩来総理及び姫鵬飛外交部長は、日中両国間の国交正常化問題をはじめとする両国間の諸問題及び双方が関心を有するその他の諸問題について、終始、友好的な雰囲気のなかで真剣かつ率直に意見を交換し、次の両政府の共同声明を発出することに合意した。

日中両国は、一衣帯水の間にある隣国であり、長い伝統的友好の歴史を有する。両国国民は、両国間にこれまで存在していた不正常な状態に終止符を打つことを切望している。戦争状態の終結と日中国交の正常化という両国国民の願望の実現は、両国関係の歴史に新たな一頁を開くこととなろう。

日本側は、過去において日本国が戦争を通じて中国国民に重大な損害を与えたことについての責任を痛感し、深く反省する。また、日本側は、中華人民共和国政府が提起した「復交三原則」を十分理解する立場に立って国交正常化の実現をはかるという見解を再確認する。中国側は、これを歓迎するものである。

日中両国間には社会制度の相違があるにもかかわらず、両国は、平和友好関係を樹立すべきであり、また、樹立することが可能である。両国間の国交を正常化し、相互に善隣友好関係を発展させることは、両国国民の利益に合致するところであり、また、アジアにおける緊張緩和と世界の平和に貢献するものである。

一　日本国と中華人民共和国との間のこれまでの不正常な状態は、この共同声明が発出される日に終了する。

二　日本国政府は、中華人民共和国政府が中国の唯一の合法政府であることを承認する。

三　中華人民共和国政府は、台湾が中華人民共和国の領土の不可分の一部であることを重ねて表明する。日本国政府は、この中華人民共和国政府の立場を十分理解し、尊重し、ポツダム宣言第八項に基づく立場を堅持する。

四　日本国政府及び中華人民共和国政府は、千九百七十二年九月二十九日から外交関係を樹立することを決定した。両政府は、国際法及び国際慣行に従い、それぞれの首都における他方の大使館の設置及びその任務遂行のために必要なすべての措置をとり、また、できるだけすみやかに大使を交換することを決定した。

五　中華人民共和国政府は、中日両国国民の友好のために、日本国に対する戦争賠償の請求を放棄することを宣言する。

六　日本国政府及び中華人民共和国政府は、主権及び領土保全の相互尊重、相互不可侵、内政に対する相互不干渉、平等及び互恵並びに平和共存の諸原則の基礎の上に両国間の恒久的な平和友好関係を確立することに合意する。

両政府は、右の諸原則及び国際連合憲章の原則に基づき、日本国及び中国が、相互の関係において、すべての紛争を平和的手段により解決し、武力又は武力による威嚇に訴えないことを確認する。

七　日中両国間の国交正常化は、第三国に対するものではない。両国のいずれも、アジア・太平洋地域において覇権を求めるべきではなく、このような覇権を確立しようとする他のいかなる国あるいは国の集団による試みにも反対する。

八　日本国政府及び中華人民共和国政府は、両国間の平和友好関係を強固にし、発展させるため、平和友好条約の締結を目的として、交渉を行うことに合意した。

九　日本国政府及び中華人民共和国政府は、両国間の関係を一層発展させ、人的往来を拡大するため、必要に応じ、また、既存の民間取決めをも考慮しつつ、貿易、海運、航空、漁業等の事項に関する協定の締結を目的として、交渉を行うことに合意した。

千九百七十二年九月二十九日に北京で

日本国内閣総理大臣　田中角栄（署名）
日本国外務大臣　大平正芳（署名）
中華人民共和国国務院総理　周恩来（署名）
中華人民共和国外交部長　姫鵬飛（署名）

〔出典：『わが外交の近況』外交青書、一七号、一九七三年〕

【史料8】「慰安婦問題の河野談話」（平成〔一九九三〕五年八月四日）

「慰安婦関係調査結果発表に関する河野内閣官房長官談話」

いわゆる従軍慰安婦問題については、政府は、一昨年十二月より、調査を進めて来たが、今般その結果がまとまったので発表することとした。

今次調査の結果、長期に、かつ広範な地域にわたって慰安所が設置され、数多くの慰安婦が存在したことが認められた。慰安所は、当時の軍当局の要請により設営されたものであり、慰安所の設置、管理及び慰安婦の移送については、旧日本軍が直接あるいは間接にこれに関与した。慰安婦の募集については、軍の要請を受けた業者が主としてこれに当たったが、その場合も、甘言、強圧による等、本人たちの意思に反して集められた事例が数多くあり、更に、官憲等が直接これに加担したこともあったことが明らかになった。また、慰安所における生活は、強制的な状況の下での痛ましいものであった。

なお、戦地に移送された慰安婦の出身地については、日本を別とすれば、朝鮮半島が大きな比重を占めていたが、当時の朝鮮半島は我が国の統治下にあり、その募集、移送、管理等も、甘言、強圧による等、総じて本人たちの意思に反して行われた。

いずれにしても、本件は、当時の軍の関与の下に、多数の女性の名誉と尊厳を深く傷つけた問題である。政府は、この機会に、改めて、その出身地のいかんを問わず、いわゆる従軍慰安婦として数多の苦痛を経験され、心身にわたり癒しがたい傷を負われたすべての方々に対し心からお詫びと反省の気持ちを申し上げる。また、そのような気持ちを我が国としてどのように表すかということについては、有識者のご意見なども徴しつつ、今後とも真剣に検討すべきものと考える。

われわれはこのような歴史の真実を回避することなく、むしろこれを歴史の教訓として直視していきたい。われわれは、歴史研究、歴史教育を通じて、このような問題を永く記憶にとどめ、同じ過ちを決して繰り返さないという固い決意を改めて表明する。

なお、本問題については、本邦において訴訟が提起されており、また、国際的にも関心が寄せられており、政府としても、今後とも、民間の研究を含め、十分に関心を払って参りたい。

〔出典：国立国会図書館データベース〕

【史料9】「村山内閣総理大臣談話」〔平成〔一九九五〕七年八月一五日〕

「戦後五十周年の終戦記念日にあたって」〔いわゆる村山談話〕

先の大戦が終わりを告げてから、五十年の歳月が流れました。今、あらためて、あの戦争によって犠牲となられた内外の多くの人々に思いを馳せるとき、万感胸に迫るものがあります。

敗戦後、日本は、あの焼け野原から、幾多の困難を乗りこえて、今日の平和と繁栄を築いてまいりました。このことは私たちの誇りであり、そのために注がれた国民の皆様一人一人の英知とたゆみない努力に、私は心から敬意の念を表わすものであります。ここに至るまで、米国をはじめ、世界の国々から寄せられた支援と協力に対し、あらためて深甚な謝意を表明いたします。また、アジア太平洋近隣諸国、米国、さらには欧州諸国との間に今日のような友好関係を築き上げるに至ったことを、心から喜びたいと思います。

平和で豊かな日本となった今日、私たちはややもすればこの平和の尊さ、有難さを忘れがちになります。私たちは過去のあやまちを二度と繰り返すことのないよう、戦争の悲惨さを若い世代に語り伝えていかなければなりません。とくに近隣諸国の人々と手を携えて、アジア太平洋地域ひいては世界の平和を確かなものとしていくためには、なによりも、これらの諸国との間に深い理解と信頼にもとづいた関係を培っていくことが不可欠と考えます。政府は、この考えにもとづき、特に近現代における日本と近隣アジア諸国との関係にかかわる歴史研究を支援し、各国との交流の飛躍的な拡大をはかるために、この二つを柱とした平和友好交流事業を展開しております。また、現在取り組んでいる戦後処理問題についても、わが国とこれらの国々との信頼関係を一層強化するため、私は、ひき続き誠実に対応してまいります。

いま、戦後五十周年の節目に当たり、われわれが銘記すべきことは、来し方を訪ねて歴史の教訓に学び、未来を望んで、人類社会の平和と繁栄への道を誤らないことであります。

わが国は、遠くない過去の一時期、国策を誤り、戦争への道を歩んで国民を存亡の危機に陥れ、植民地支配と侵略によって、多くの国々、とりわけアジア諸国の人々に対して多大の損害と苦痛を与えました。私は、未来に誤ち無からしめんとするが故に、疑うべくもないこの歴史の事実を謙虚に受け止め、ここにあらためて痛切な反省の意を表し、心からのお詫びの気持ちを表明いたします。また、この歴史がもたらした内外すべての犠牲者に深い哀悼の念を捧げます。

敗戦の日から五十周年を迎えた今日、わが国は、深い反省に立ち、独善的なナショナリズムを排し、責任ある国際社会の一員として国際協調を促進し、それを通じて、平和の理念と民主主義とを押し広めていかなければなりません。同時に、わが国は、唯一の被爆国としての体験を踏まえて、核兵器の究極の廃絶を目指し、核不拡散体制の強化など、国際的な軍縮を積極的に推進していくことが肝要であります。これこそ、過去に対するつぐないとなり、犠牲となられた方々の御霊を鎮めるゆえんとなると、私は信じております。

「杖るは信に如くは莫し」と申します。この記念すべき時に当たり、信義を施政の根幹とすることを内外に表明し、私の誓いの言葉といたします。

〔出典：国立国会図書館データベース〕

【史料10】「「歴史教科書」に関する宮沢官房長官談話」（一九八二年八月二六日）

一、日本政府及び日本国民は、過去において、我が国の行為が韓国・中国を含むアジアの国々の国民に多大な苦痛と損害を与えたことを深く反省し、このようなことを二度と繰り返してはならないとの反省と決意の上に立って平和国家としての道を歩んできた。我が国は、韓国については、昭和四十年の日韓共同コミュニケの中において「過去の関係は遺憾であって深く反省している」との認識を、中国については日中共同声明において「過去において日本国が戦争を通じて中国国民に重大な損害を与えたことの責任を痛感し、深く反省する」との認識を述べたが、これも前述の我が国の反省と決意を確認したものであり、現在においてもこの認識にはいささかの変化もない。

二、このような日韓共同コミュニケ、日中共同声明の精神は我が国の学校教育、教科書の検定にあたっても、当然、尊重されるべきものであるが、今日、韓国、中国等より、こうした点に関する我が国教科書の記述について批判が寄せられている。我が国としては、アジアの近隣諸国との友好、親善を進める上でこれらの批判に十分に耳を傾け、政府の責任において是正する。

三、このため、今後の教科書検定に際しては、教科書用図書検定調査審議会の議を経て検定基準を改め、前記の趣旨が十分実現するよう配慮する。すでに検定の行われたものについては、今後すみやかに同様の趣旨が実現されるよう措置するが、それまでの間の措置として文部大臣が所見を明らかにして、前記二の趣旨を教育の場において十分反映せしめるものとする。

四、我が国としては、今後とも、近隣国民との相互理解の促進と友好協力関係の発展に努め、アジアひいては世界の平和と安定に寄与していく考えである。

〔出典：日本外務省、一九八二年（昭和五七年）八月二六日〕

あとがき

この本を書く契機になったのは、数年前、家の中にあった教科書『高校日本史』（三省堂版、一九八九年発行）で、一九四五年「九月二日、東京湾上のアメリカ軍艦において降伏文書の調印式が行われ、満州事変以来十五年にわたった戦争は、ここにようやく終わりを告げた」と、日本の降伏に関する記述を読んだことである。

私たちの中学・高校における教室の授業では、日本史の近現代の項は明治維新で終わりだった。第一次世界大戦、第二次世界大戦、アジア太平洋戦争について、じっくり学んだ経験はなかった。当然、「降伏文書」の内容についての説明を受けたこともない。教科書に史料の掲載・内容の紹介さえもなく、あるのは、東京湾上の調印式の写真だけだった。

私は、文筆家でも、評論家でもない。しがない一介の市民にすぎない。しかし、「降伏文書」を改めて読んで、知らないでは済まされない、全国民が知るべく必読すべきものと思うようになった。敗戦後七十年がたち、この数年間、勉強して得たものを世に発表して、人々に知らせ、理解し、考えてもらうことが、自分の努めではないか、という気持ちも強い。

この本の中に、この間、自分がいろいろ経験したり、見聞したり、考えたりしたことを率直に書くことにした。問題提起も行い、相当、思い切った内容になるように努めた。

だが所詮、人の仕業にほかならない。限りがある。事実誤認、的外れ、勘違い等々の批判は覚悟の上である。心から念願するのは唯一つ、この本が刺激になって、日本の出発点と未来のあり方について、大いに考え議論してもらうことを望んでいる。日本がアジアの一員としてこの先、生き残っていくために、少しでも役だてば幸いこのうえない。

この間、私の執筆した内容の記述について、ていねい極まるご意見、助言と激励をいただいた元群馬大学講師の岩根承成氏、前群馬県立渋川女子高等学校教諭の久保田順一氏に心からお礼を申し上げたい。同時に、立派な本に仕上げて下さった論創社の森下紀夫社長に感謝申し上げたい。

二〇一五年六月

萩　原　猛

萩原　猛（はぎわら　たけし）

1941年群馬県渋川市に生まれる。

高校卒業後、東京のNHK映像調整課に就職、五年間従事し退職。

明治大学文学部史学地理学科卒業、専攻は西洋史。

1968年から1995年頃まで、労働組合運動、反戦平和運動への参加。その間、対外国際交流にも従事。

2005年上海で半年間生活2006年から2009年まで毎年、上海で三カ月間生活。上海滞在中に第一次上海事変、第二次上海事変に関連する主な残存建物、遺物などを視察調査した。

2009、2010年夏に華東師範大学漢語学習講座に参加し、外国留学生との交流を深めた。

著書に『上海今昔ものがたり――上海～日本交流小史』（論創社、2011年）がある。

E-mail：hagiwara3020@hotmail.co.jp

日本の「敗戦記念日」と「降伏文書」

2015年8月25日　初版第1刷印刷
2015年8月30日　初版第1刷発行

著　者　萩原　猛
発行者　森下紀夫
発売所　論創社
〒101-0051 東京都千代田区神田神保町2-23　北井ビル
tel. 03（3264）5254　fax. 03（3264）5232　web. http://www.ronso.co.jp/
振替口座　00160-1-155266
装幀／宗利淳一
印刷・製本／中央精版印刷　組版／フレックスアート
ISBN978-4-8460-1414-8　